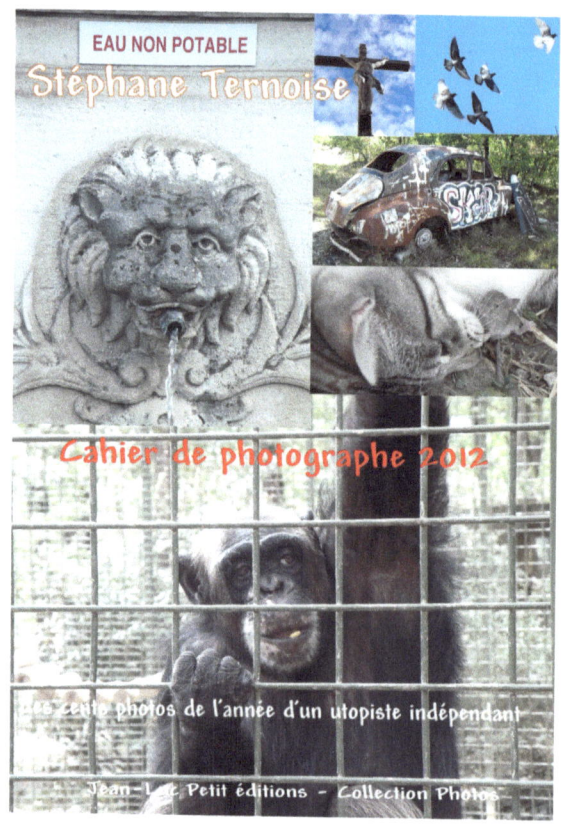

Ce livre fut pensé en numérique : début 2013, une version papier semblait impossible. Depuis l'obtention d'un identifiant fiscal aux États-Unis, une telle réalisation est concevable. Oui, il existe bien un problème de contrôle de l'édition en France !
La conception de ce document fut donc revue, pour une présentation de photos en couleur 600 Bpi. Le meilleur de l'impression au service de ce versant photographe vraiment indépendant.

Cahier de photographe 2012

Les cents photos de l'année d'un utopiste indépendant

Du même auteur*

Certaines œuvres sont connues sous différents titres.

Romans

La Faute à Souchon : (Le roman du show-biz et de la sagesse)
Quand les familles sans toit sont entrées dans les maisons fermées
Liberté j'ignorais tant de Toi (Libertés d'avant l'an 2000)
Viré, viré, viré, même viré du Rmi !
Ils ne sont pas intervenus (Peut-être un roman autobiographique)

Théâtre

Neuf femmes et la star
Les secrets de maître Pierre, notaire de campagne
Ça magouille aux assurances
Chanteur, écrivain : même cirque
Deux sœurs et un contrôle fiscal
Amour, sud et chansons
Pourquoi est-il venu :
Aventures d'écrivains régionaux
Avant les élections présidentielles
Scènes de campagne, scènes du Quercy
Blaise Pascal serait webmaster
Trois femmes et un Amour
J'avais 25 ans
 « Révélations » sur « les apparitions d'Astaffort » Brel Cabrel

Théâtre pour troupes d'enfants

La fille aux 200 doudous
Les filles en profitent
Révélations sur la disparition du père Noël
Le lion l'autruche et le renard,
Mertilou prépare l'été
Nous n'irons plus au restaurant

* extrait du catalogue, voir page 109

Stéphane Ternoise

Cahier de photographe 2012

Les cents photos de l'année d'un utopiste indépendant

Jean-Luc Petit éditeur - Collection Photos

Stéphane Ternoise versant lotois :

http://www.lotois.fr

Tout simplement et logiquement !

Tous droits de traduction, de reproduction, d'utilisation, d'interprétation et d'adaptation réservés pour tous pays, pour toutes planètes, pour tous univers.

Site officiel : http://www.ecrivain.pro

© Jean-Luc PETIT - BP 17 - 46800 Montcuq – France

Cahier de photographe 2012

Même si Nicolas Sarkozy Président et François Hollande candidat favori passèrent à Montauban, ces cents clichés ne racontent pas l'actualité sensationnelle mais l'époque, au travers des "petites choses", souvent éphémères.

Romancier, essayiste, dramaturge, parolier, je m'exprime désormais de plus en plus par la photographie... Un écrivain est également le témoin de son époque.

Le Lot constitue cette principale source de documentation, avec passages en Aveyron, Lot-et-Garonne, Tarn-et-Garonne, le Quercy, dans une acceptation vague et non administrative.

La beauté parfois surprenante d'une épave, celle condamnée ou protégée des gariottes ou pigeonniers, le passage des pigeons justement, des pommes, prunes, tournesols, mes chères vieilles pierres. Quelques animaux, vivants derrière des barreaux, morts sur les routes, une souris qui croit pouvoir échapper au chat... Et même Jésus devant la centrale nucléaire de Golfech ou à l'intersection des routes. Cent instants qui m'ont touché au point de les retenir parmi plusieurs milliers.

Ces photos inaugurent ma galerie nouvelle formule, http://www.galerie.me, avec vente des droits numériques d'exemplaires numérotés et signés.

Stéphane Ternoise.
Explorateur du Quercy http://www.quercy.pro

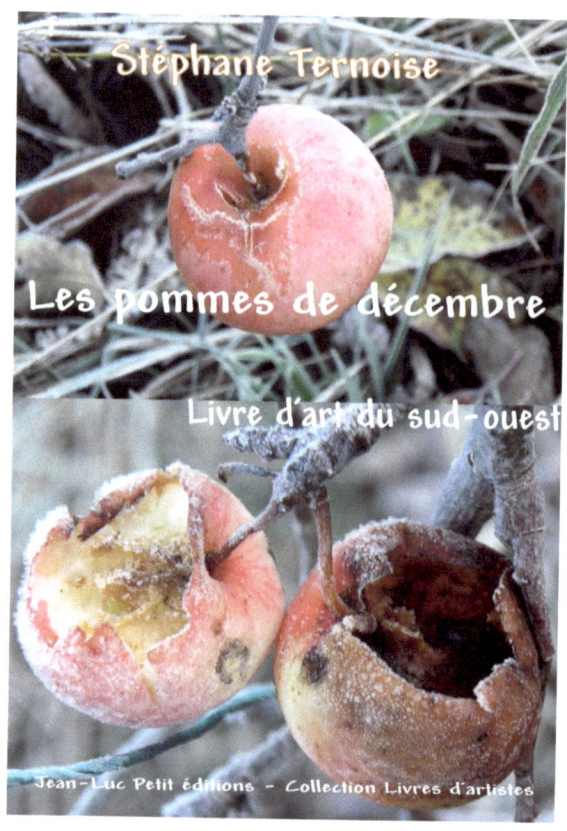

Certaines de ces photos furent le point de départ d'autres livres...

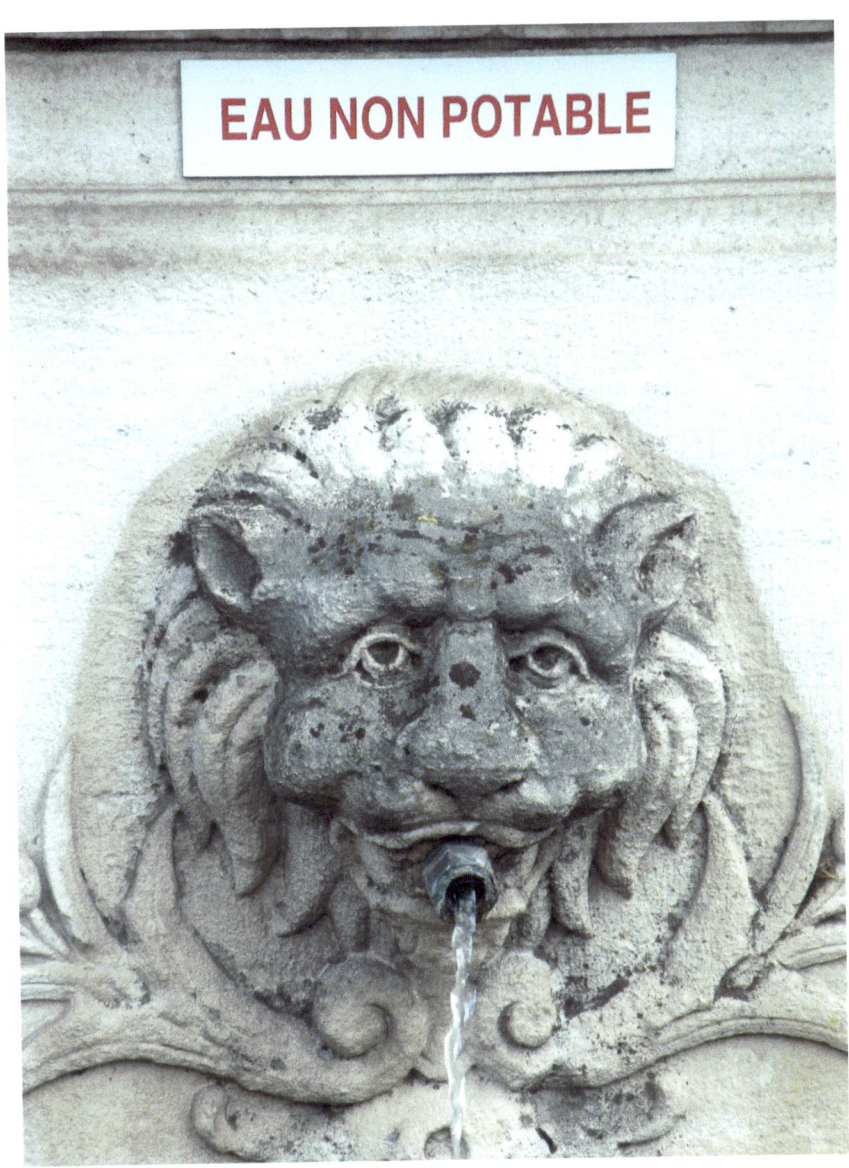

Villefranche de Rouergue, eau non potable.

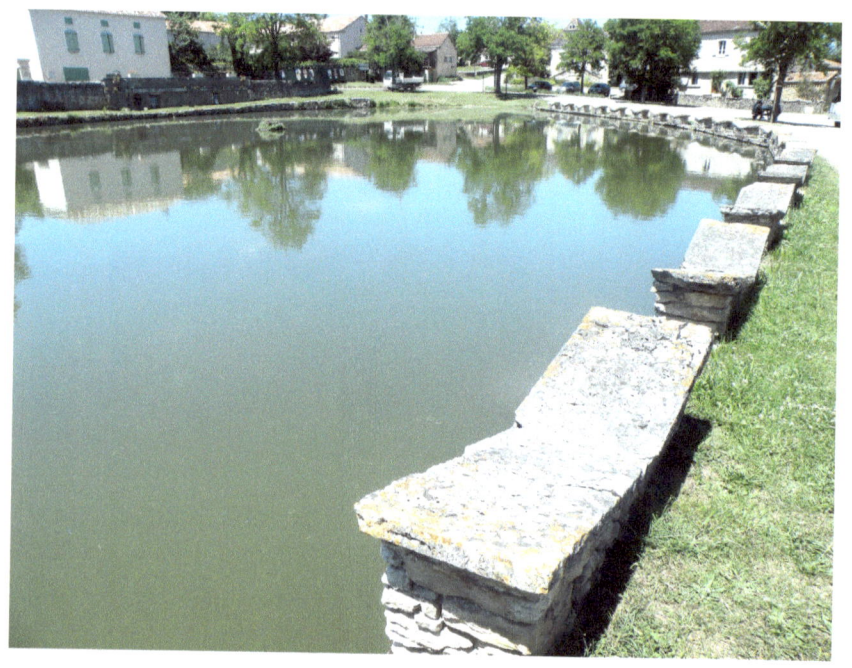

Aujols, son lavoir.

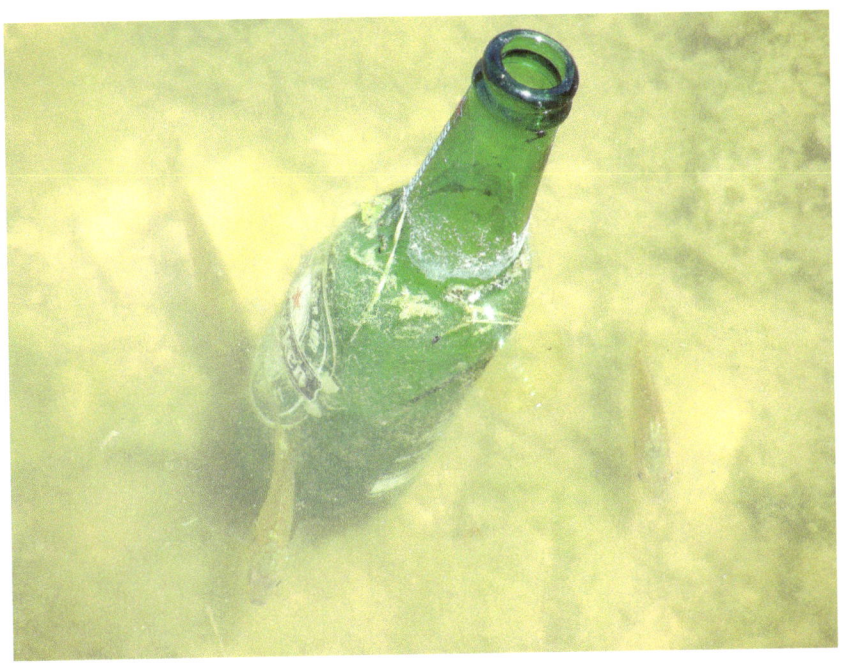

Des poissons accompagnés d'une bouteille de bière.

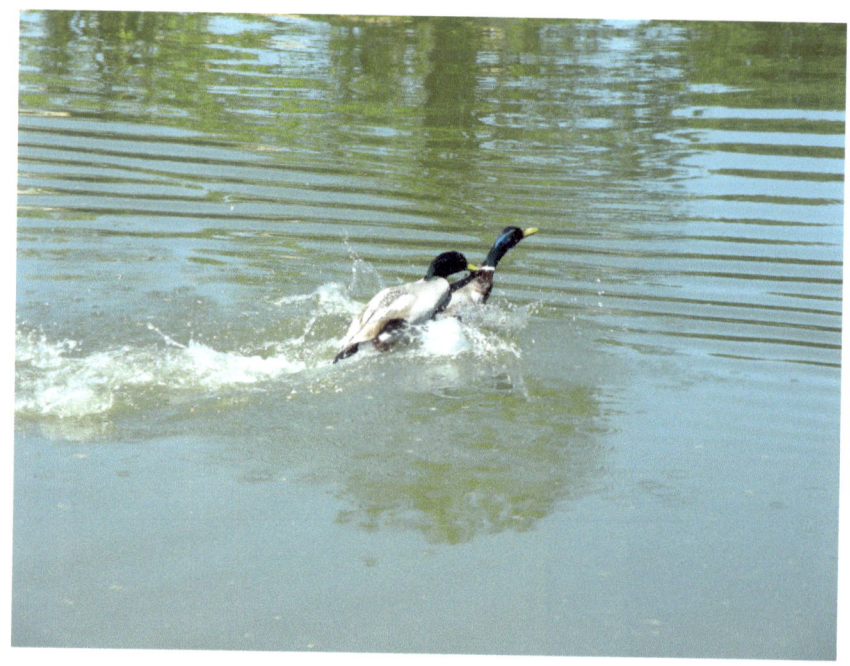

Les canards.

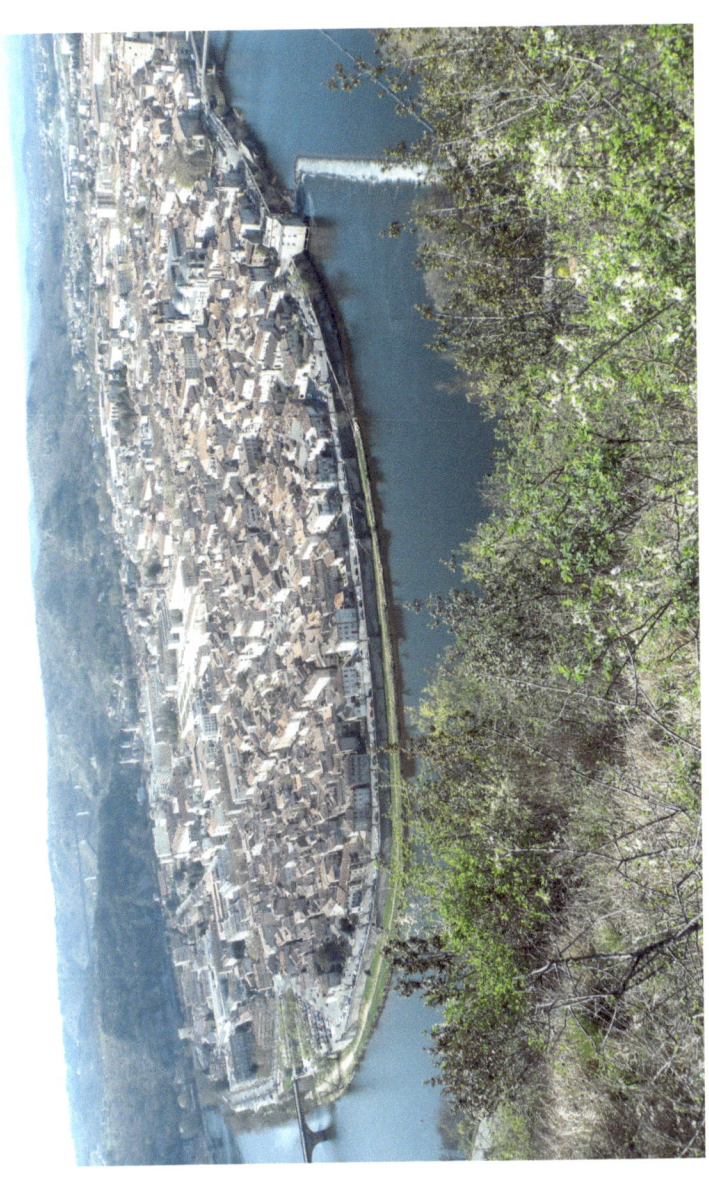

Cahors, vue du Mont Saint-Cyr.

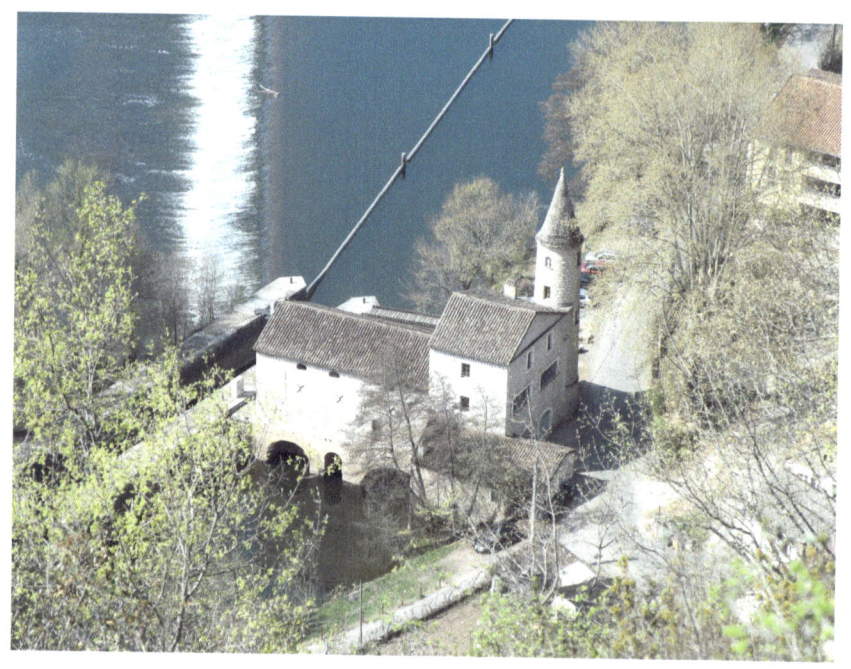

Le moulin de Coty au Bord du Lot.

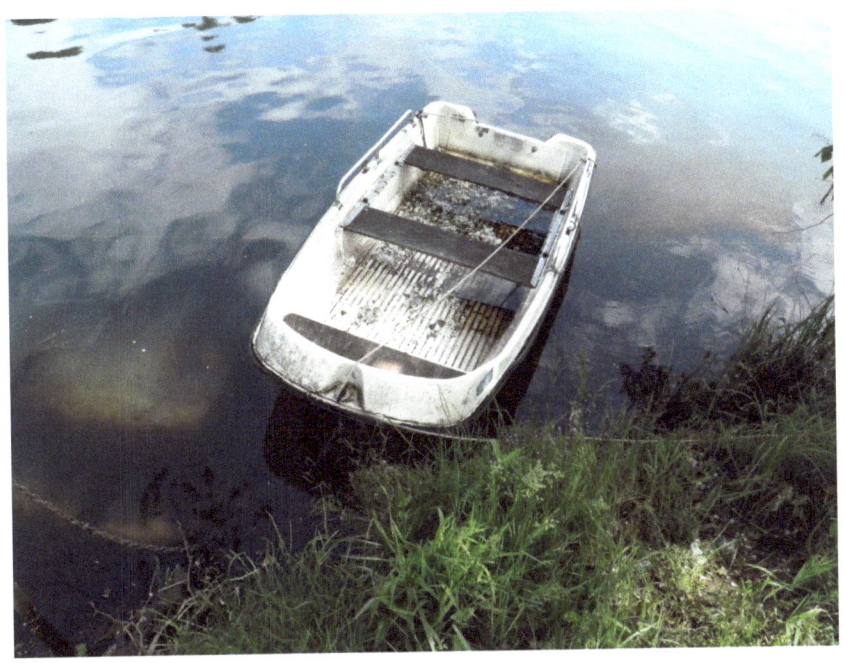

Une barque sur le Lot, à Albas...

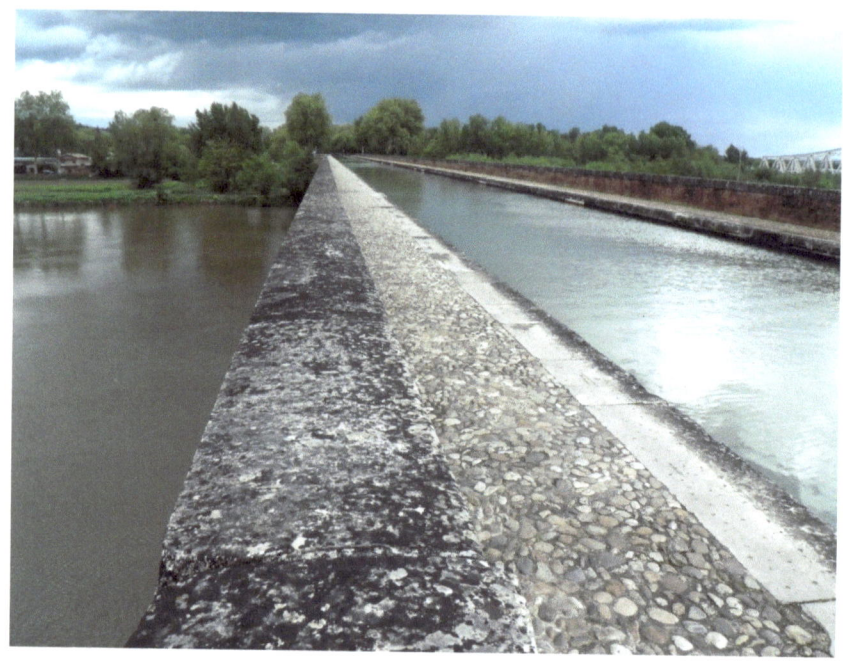

Quand le canal de Garonne rencontre la rivière Tarn, au pont-canal du Cacor de Moissac, sur 365 mètres...

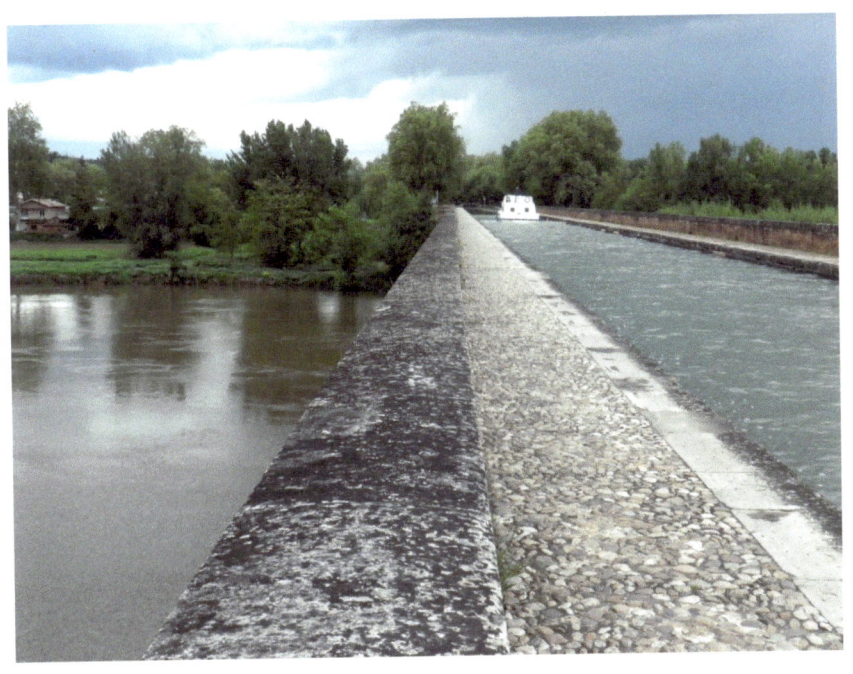

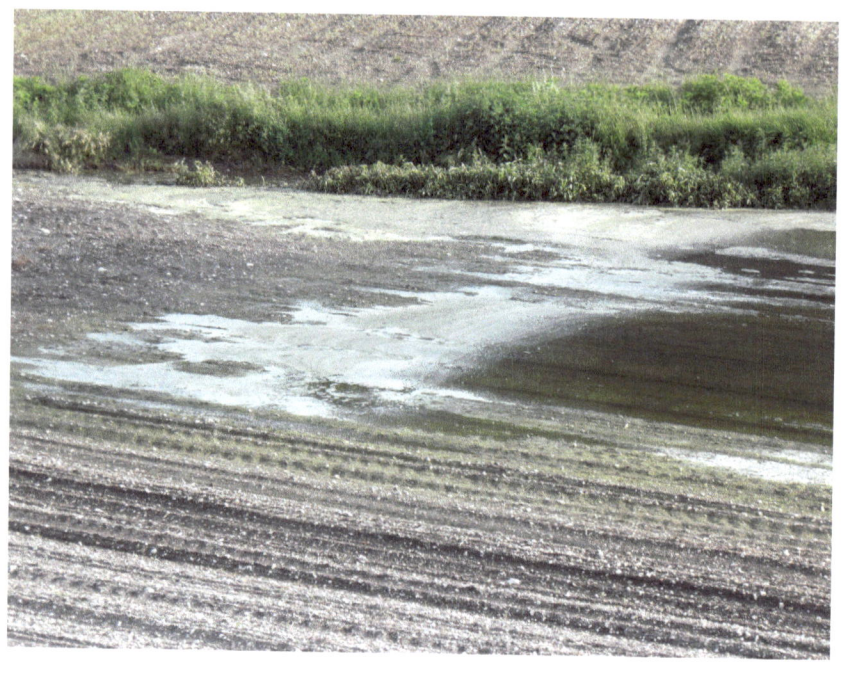

Traces d'eau dans un champ du Quercy blanc.

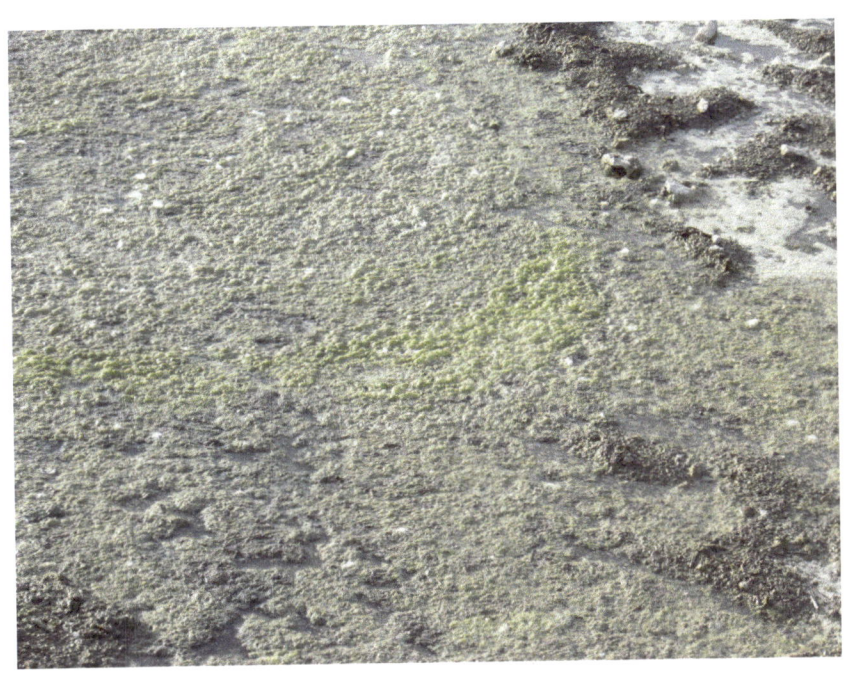

Au bord d'un ruisseau, période de culture sûrement raisonnée et raisonnable.
Eau française, dans un champ du Quercy blanc.

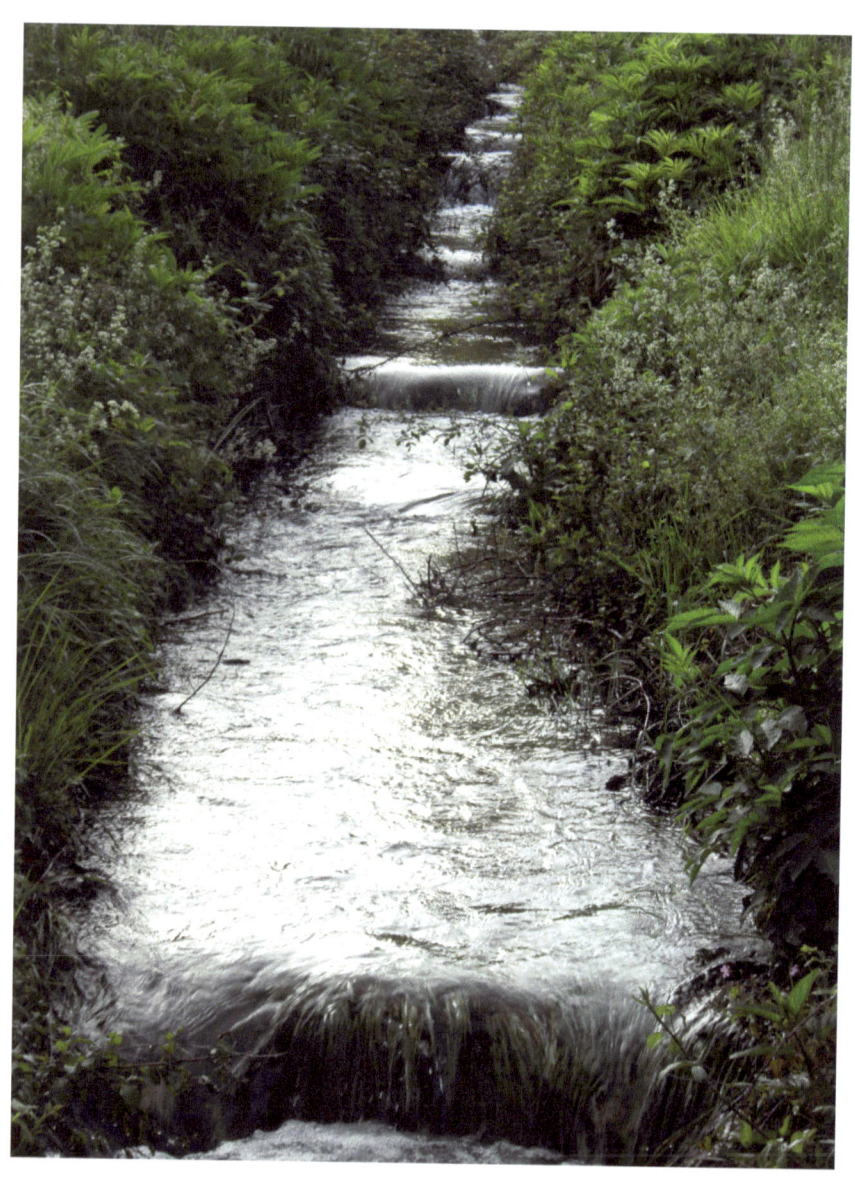

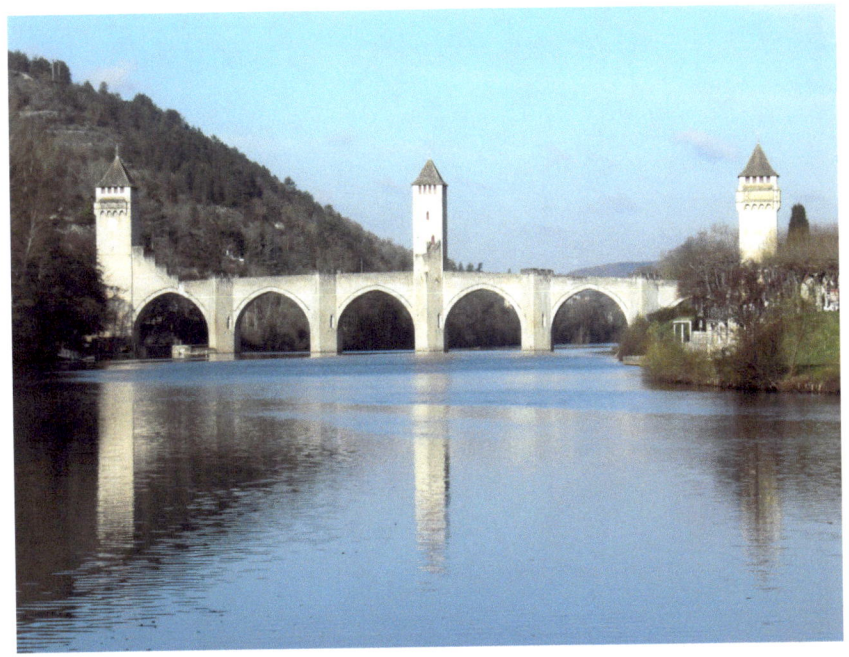

Le pont Valentré, de Cahors.

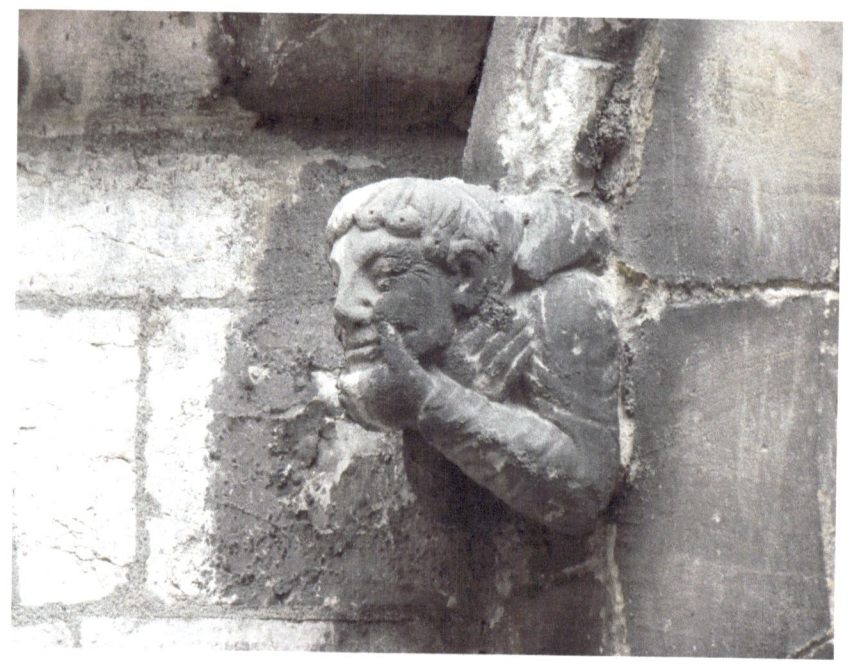

Un mascaron ironique de la Cathédrale Saint-Étienne de Cahors.

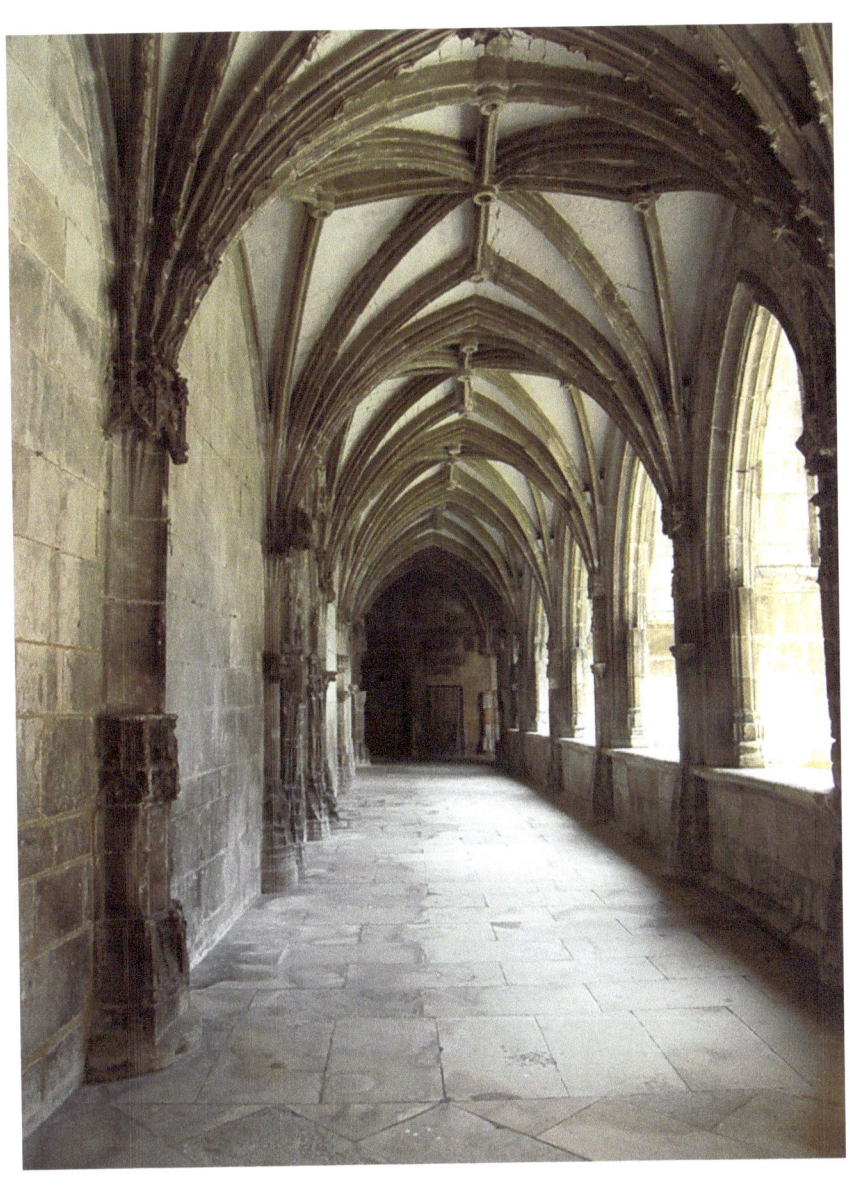

Cloître de la Cathédrale Saint-Étienne de Cahors.

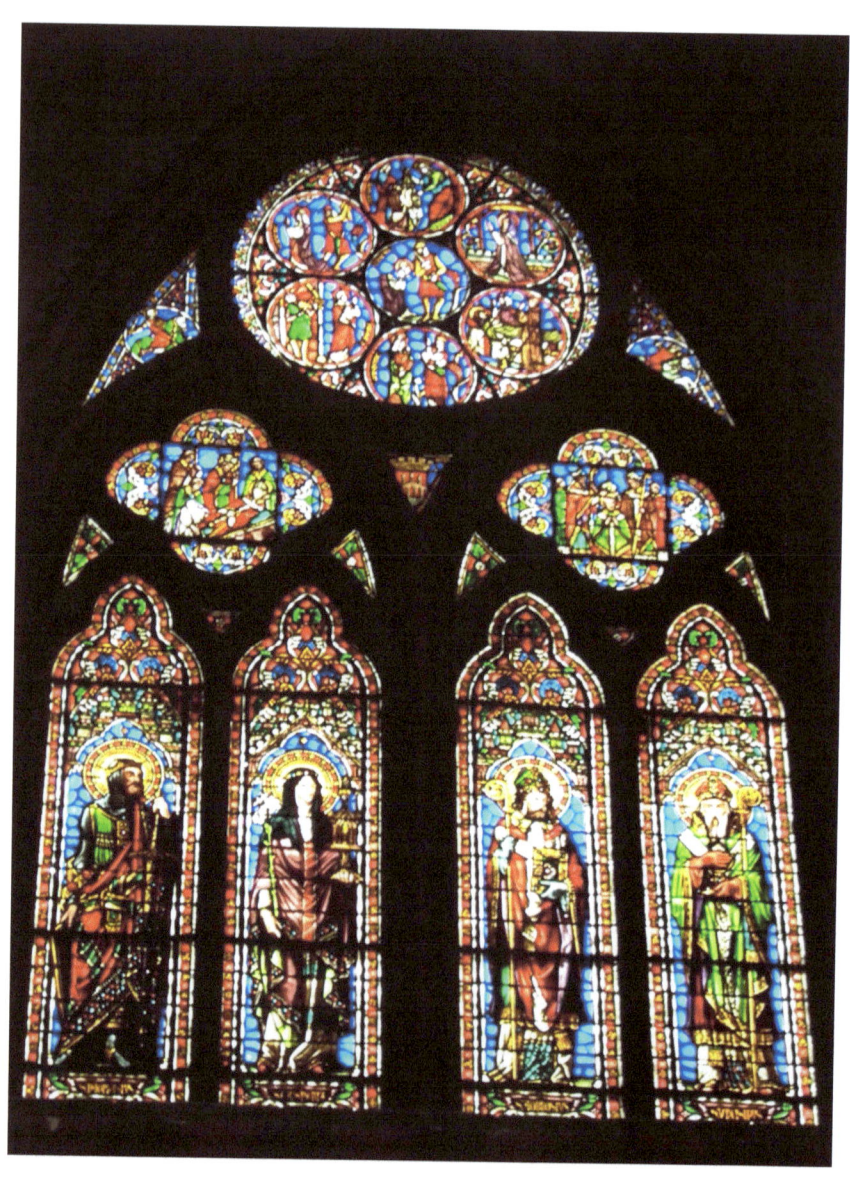

Verrières du chœur de la Cathédrale Saint-Étienne de Cahors.

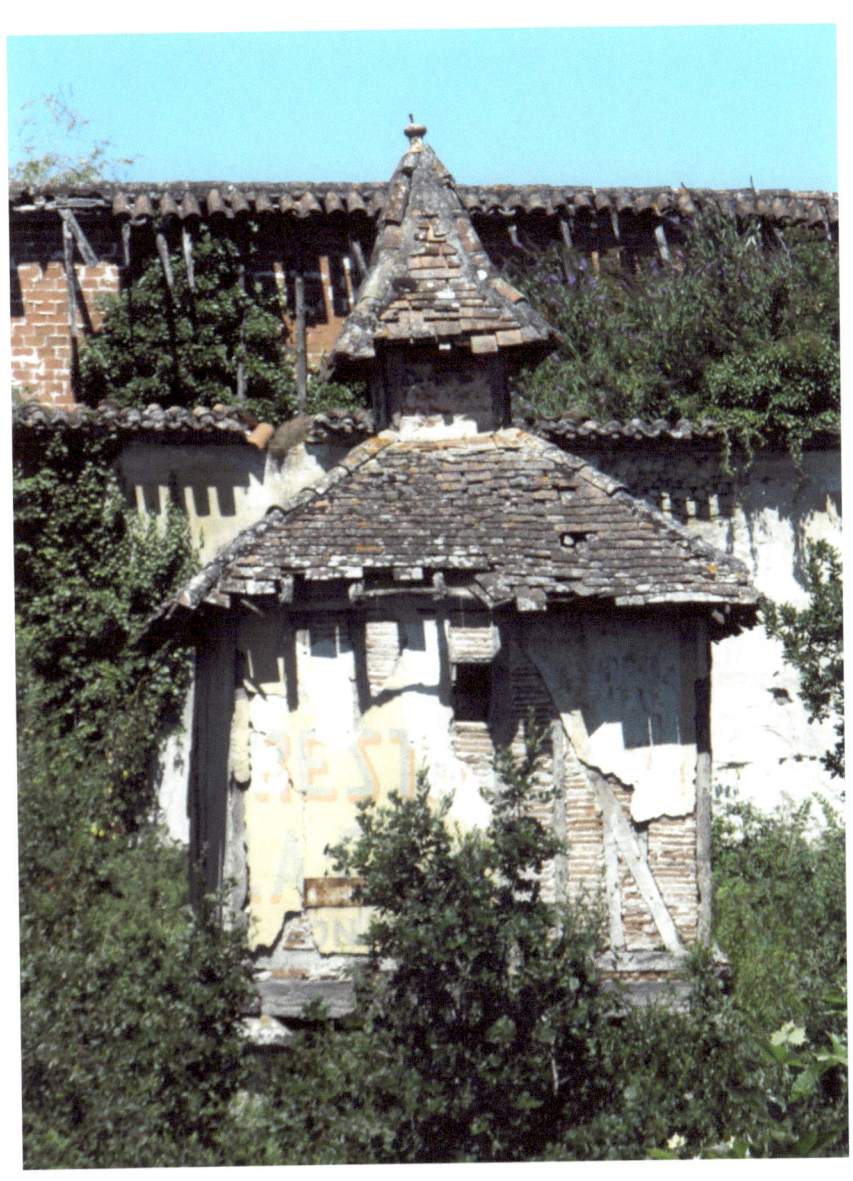

Pigeonnier près du Cimetière Sud.

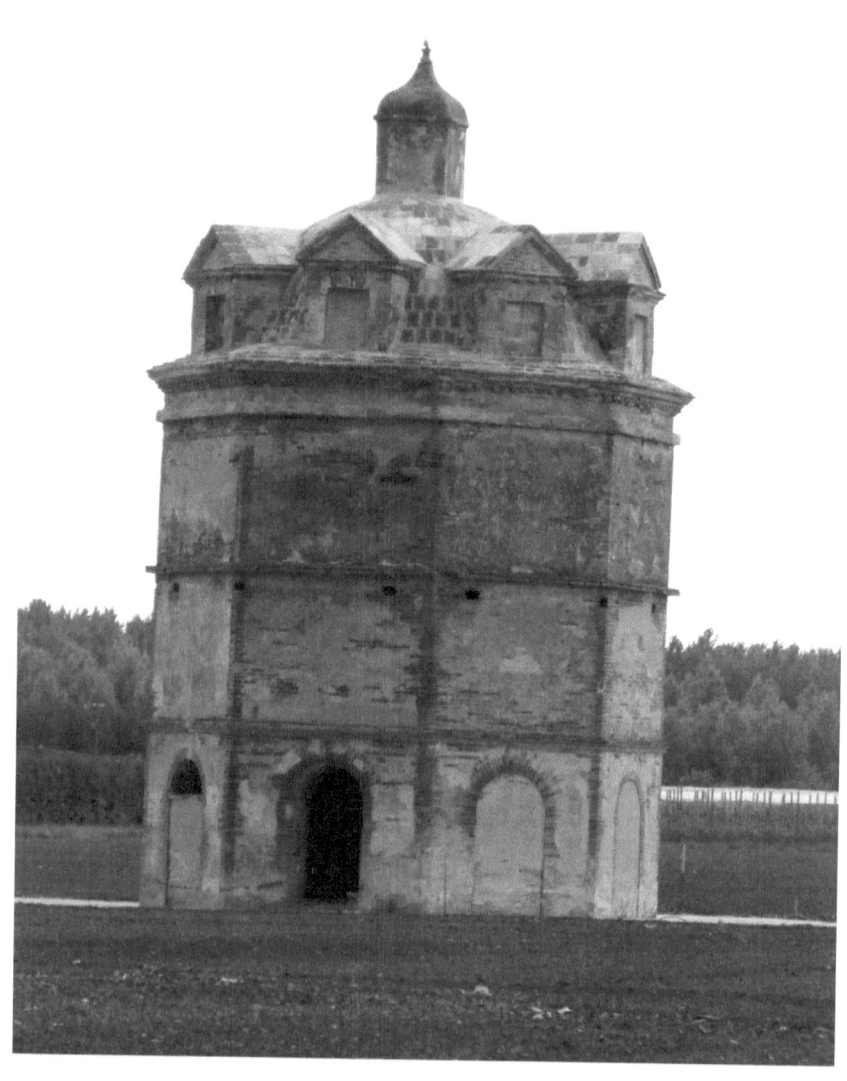
Pigeonnier à Moissac.

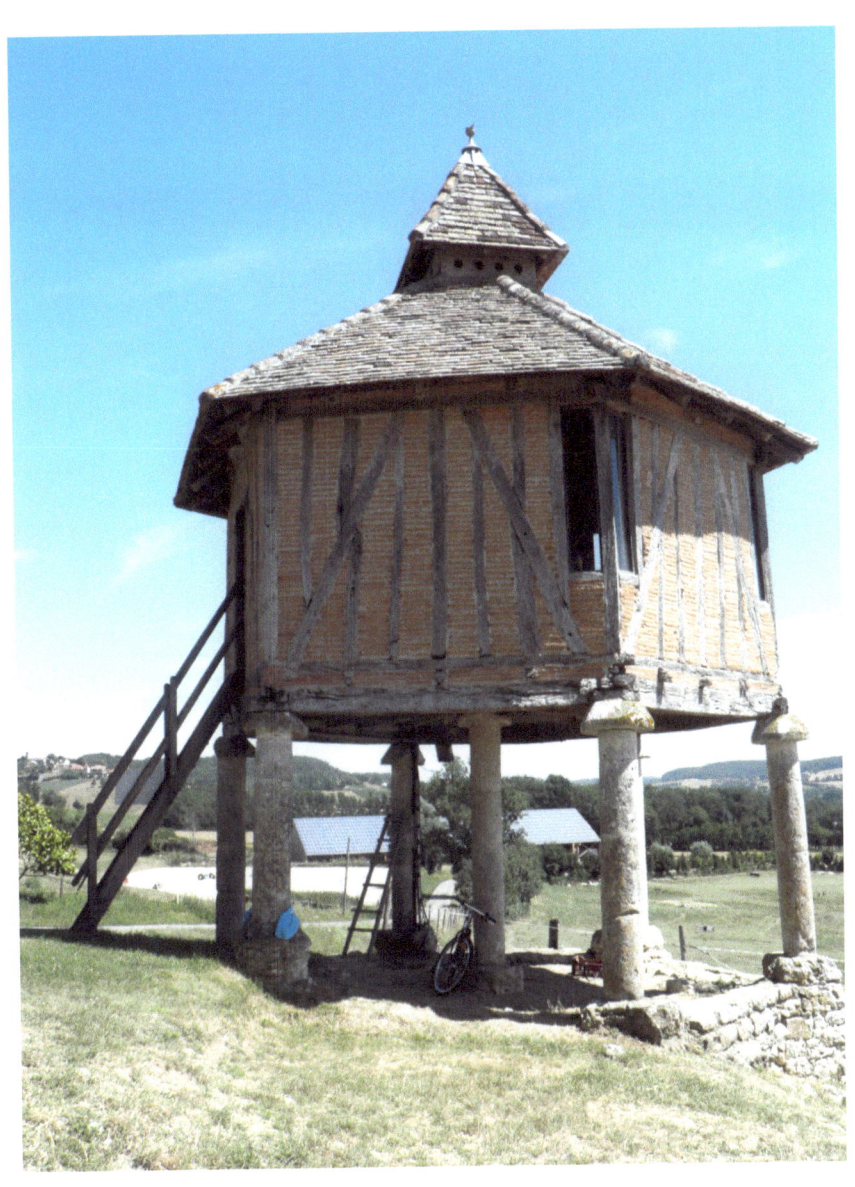

Pigeonnier à Lauzerte.

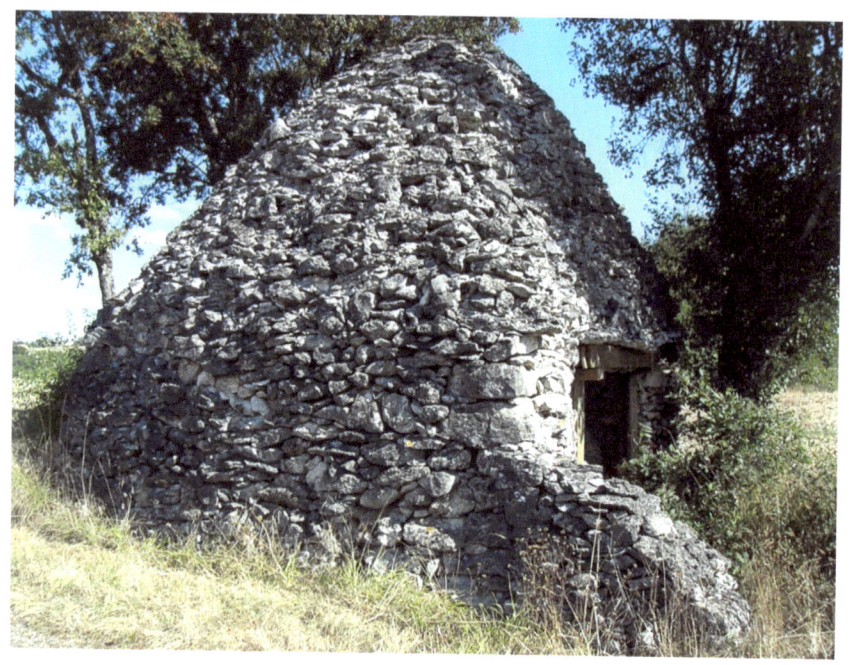

Gariotte à Belvèze.

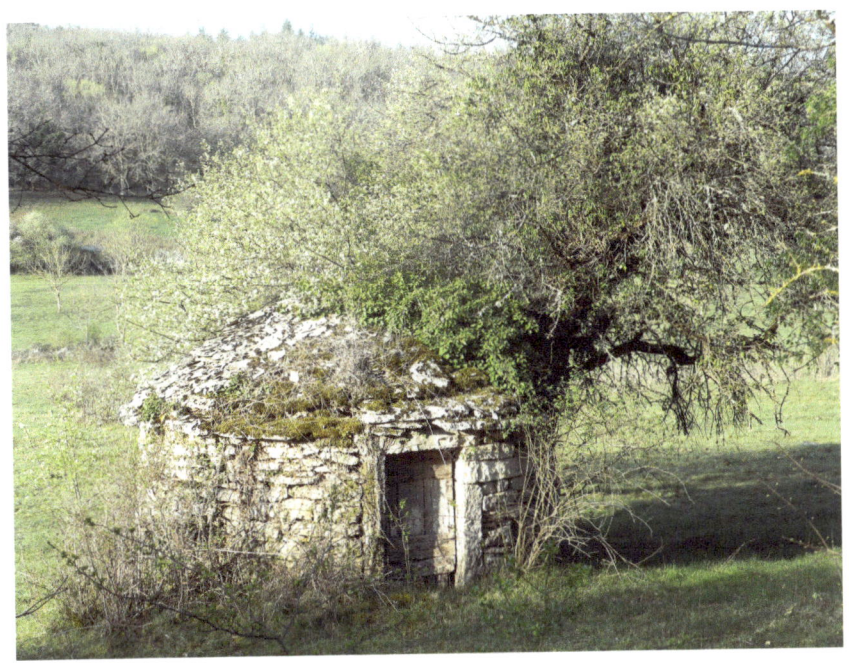

Gariotte à Limogne en Quercy.

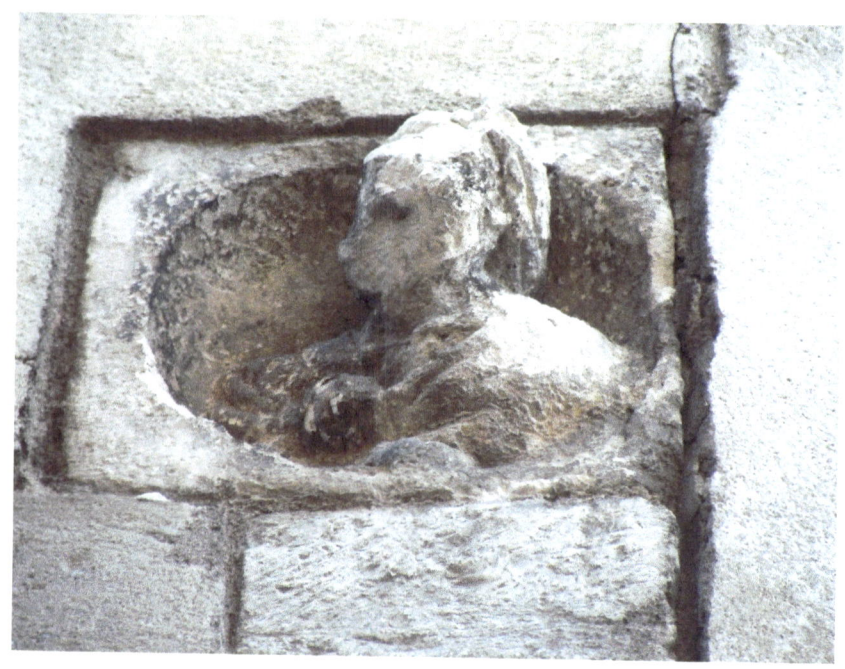

Médaillon du 16e siècle en pierre sculptée, incorporé dans une façade rue Nationale à Cahors, inscrit par arrêté du 3 novembre 1925 aux Monuments Historiques.

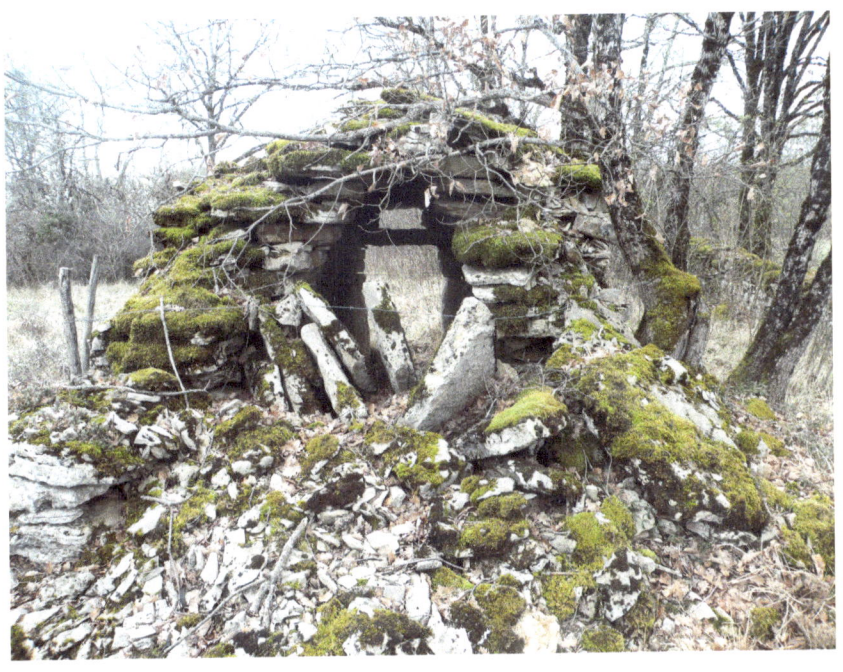

Première Gariotte lotoise en arrivant de Villefranche de Rouergue.

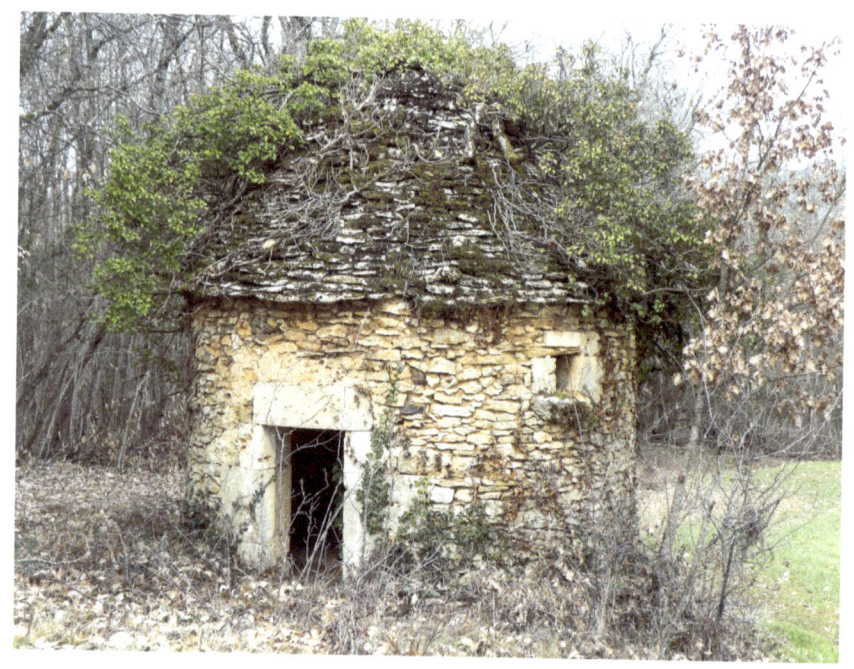

Gariotte entre Fumel et Bonaguil.

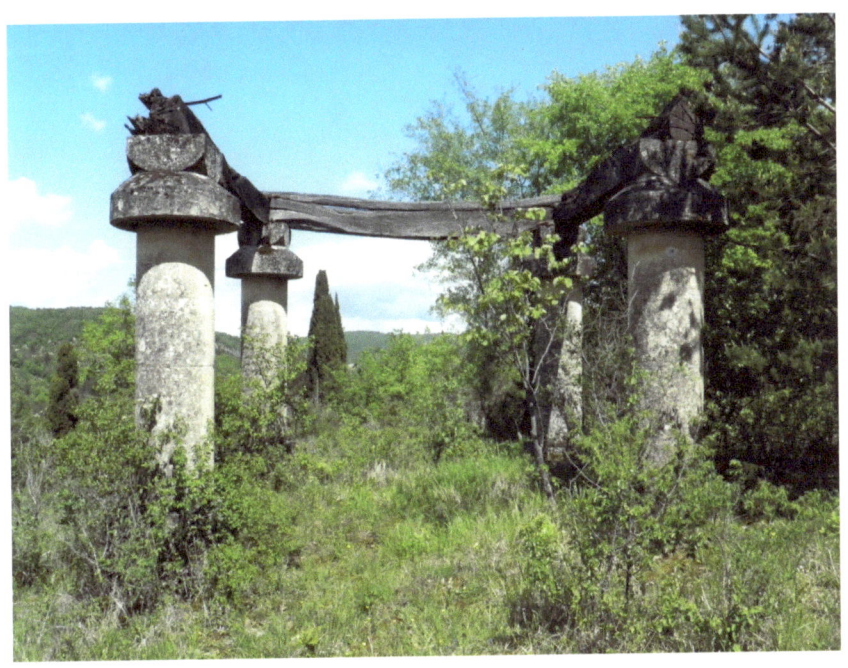

Ce fut un Pigeonnier sur la propriété du peintre Henri Martin à Labastide-du-vert.

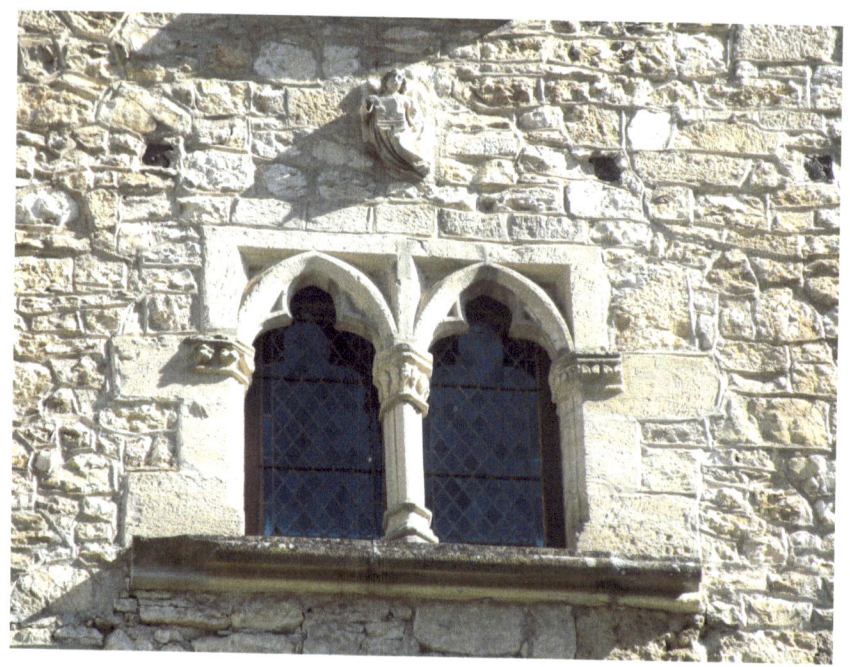

Fenêtres à Saint-Cirq-Lapopie.

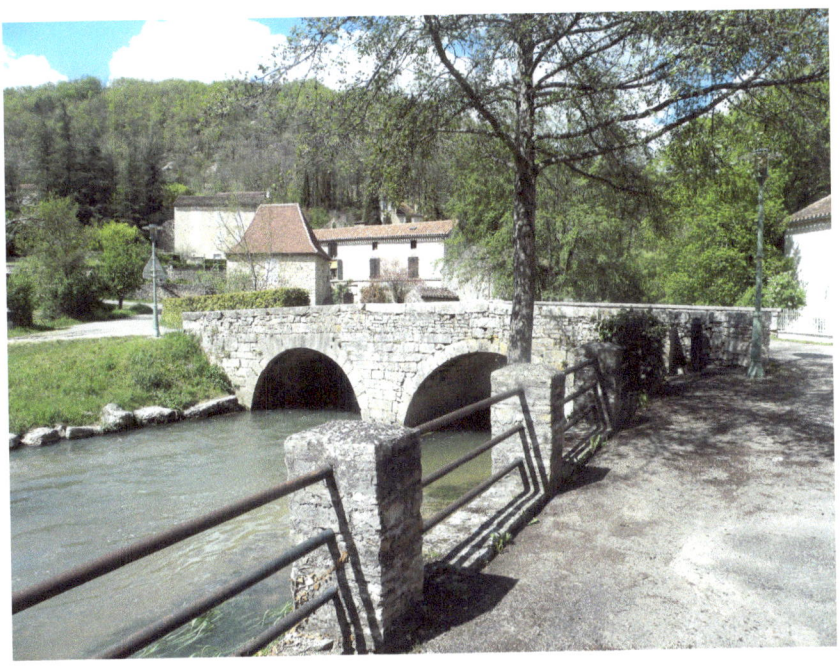

Le pont de Labastide-du-vert pour lequel la ville de Cahors a cassé sa tirelire en 2012, dans la version peinte par Henri Martin.

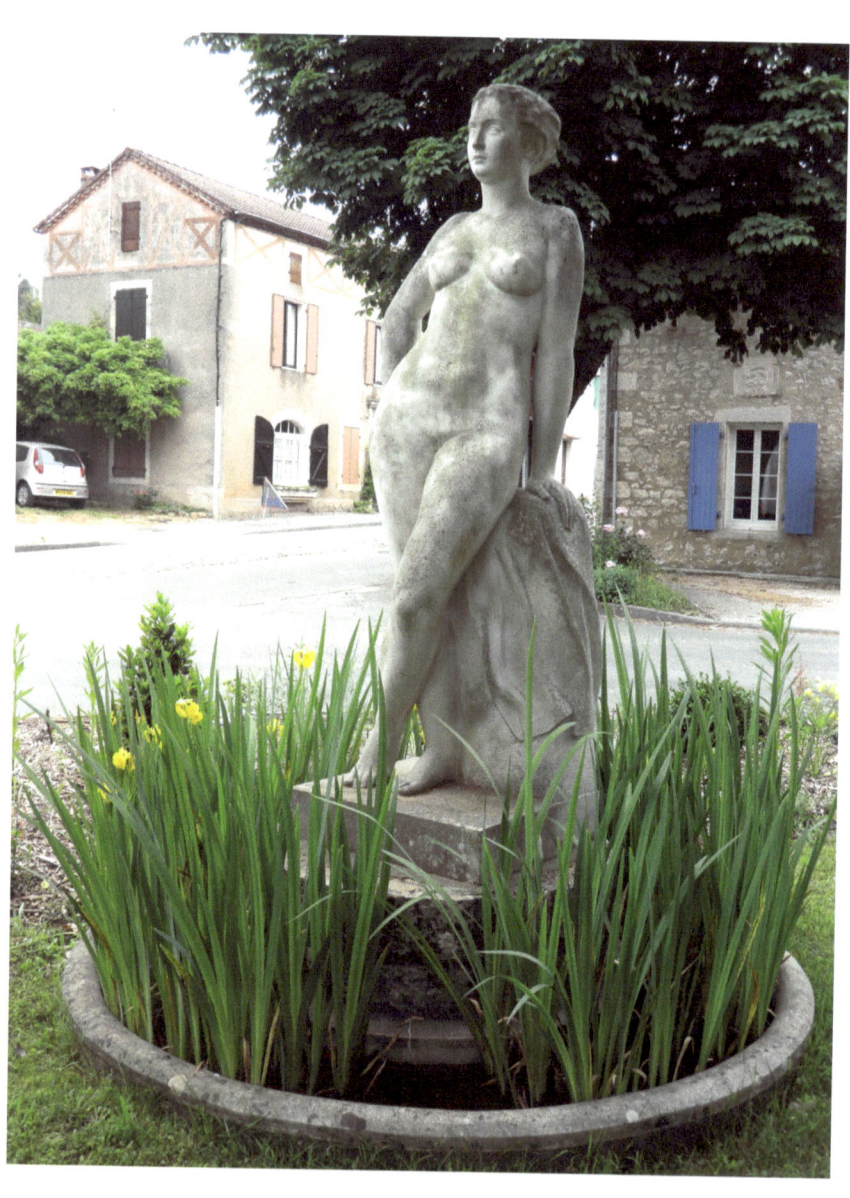

Femme de Prayssac.

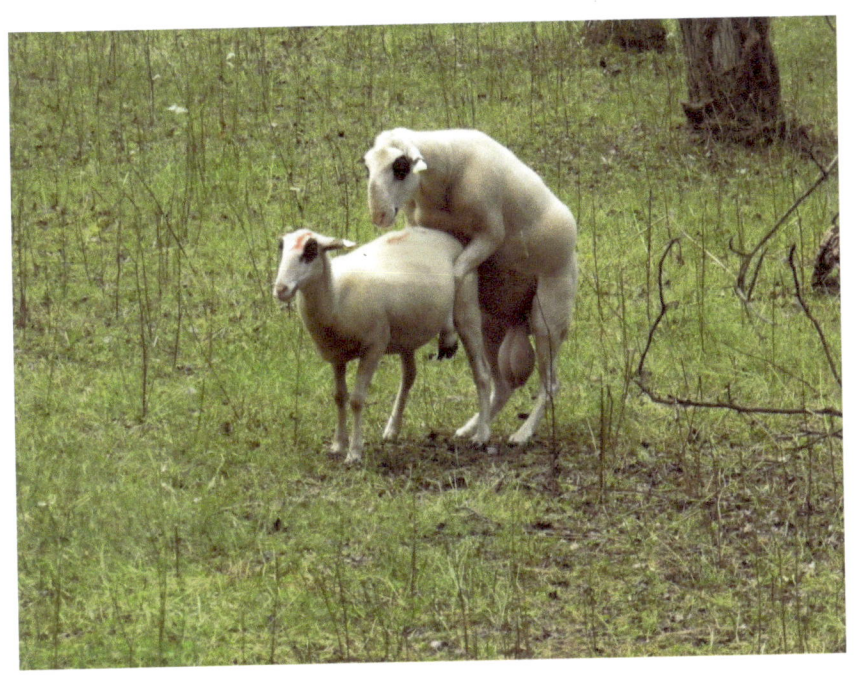

Scène du Quercy selon la bergère.

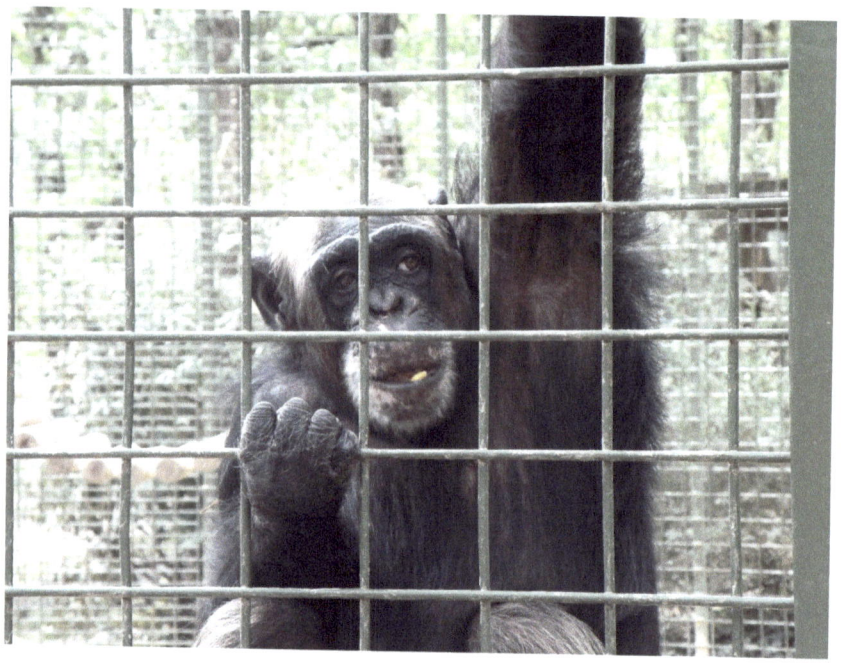

Vivre derrière des barreaux.

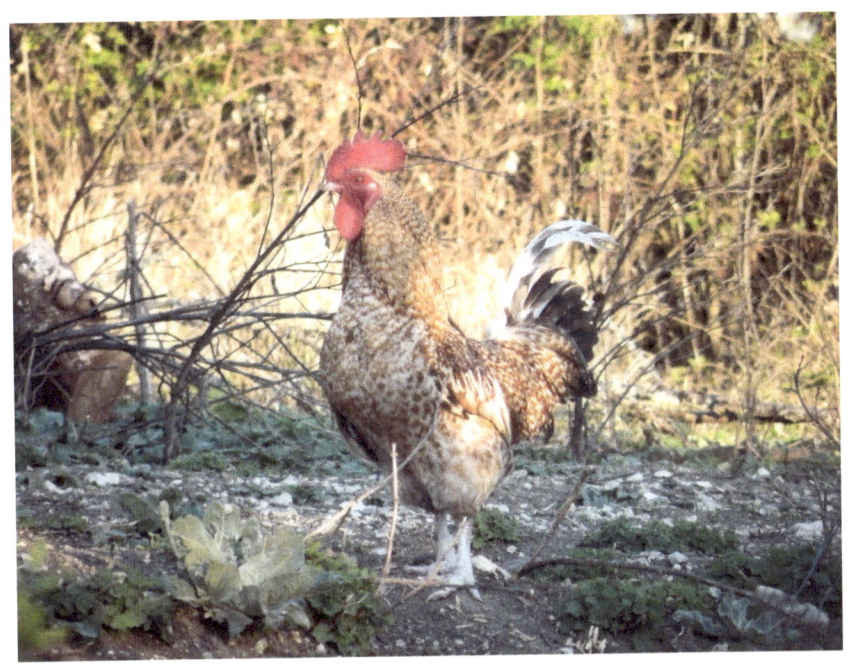

Le cop lotois.

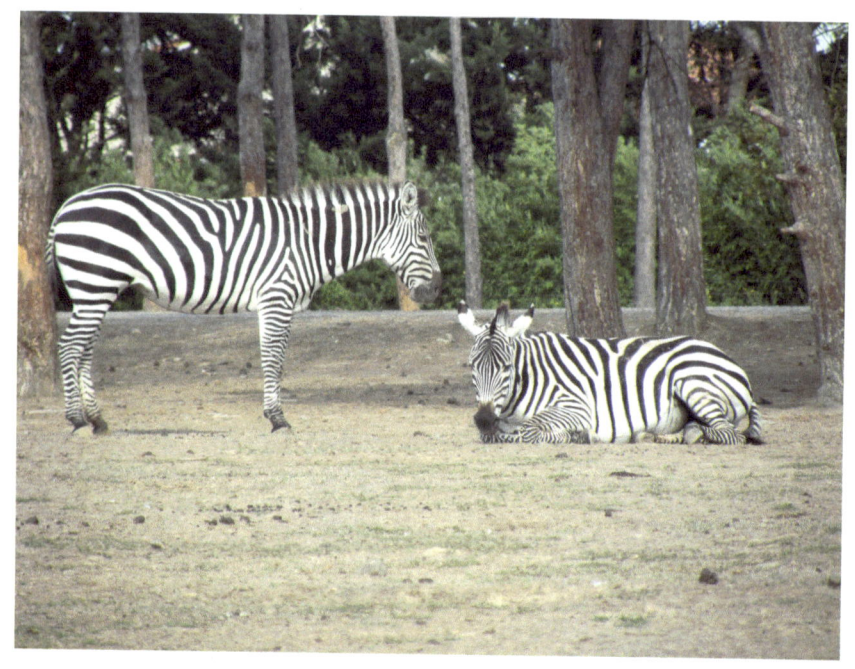

Zèbres de France.

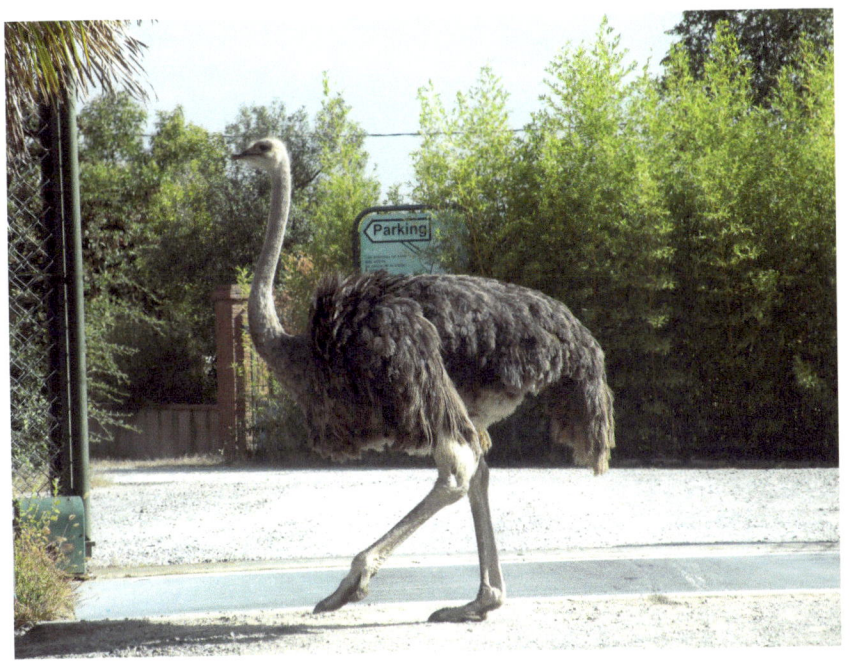

Autruche de France.

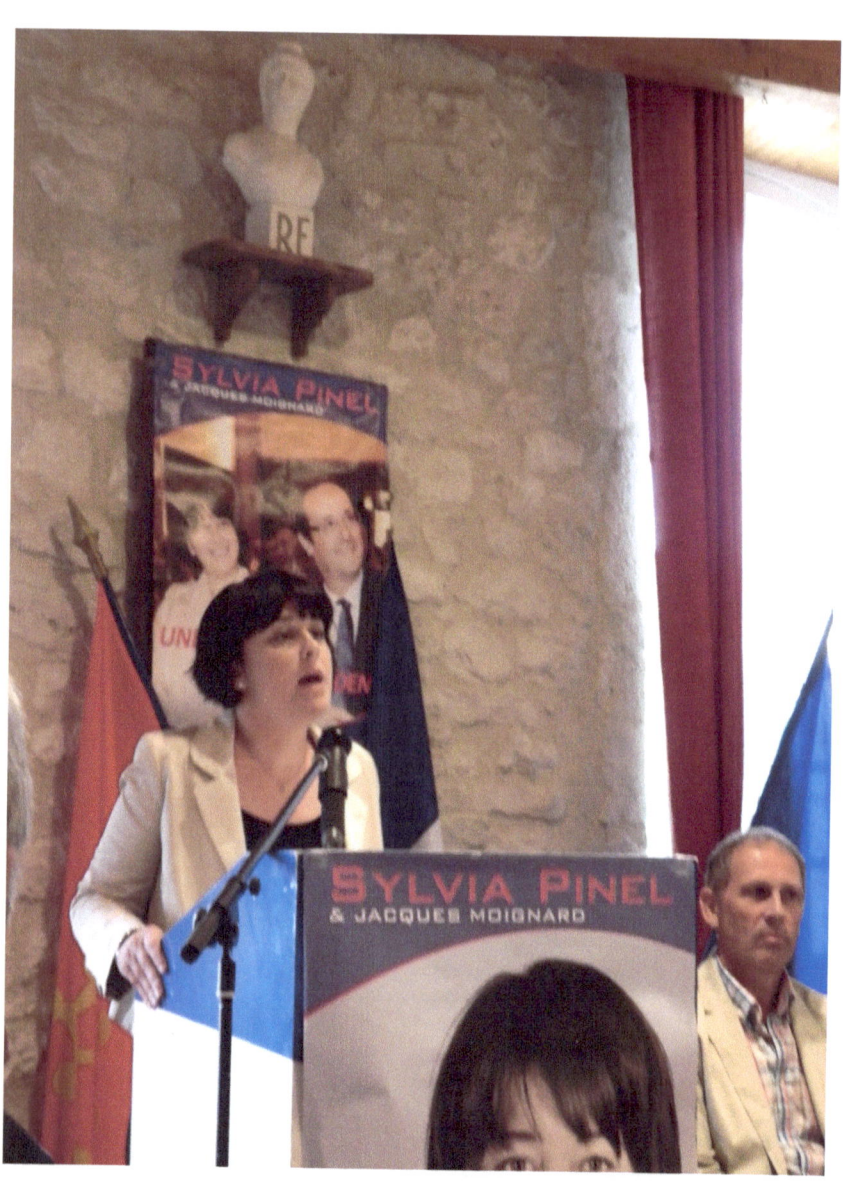

Sylvia Pinel en campagne.

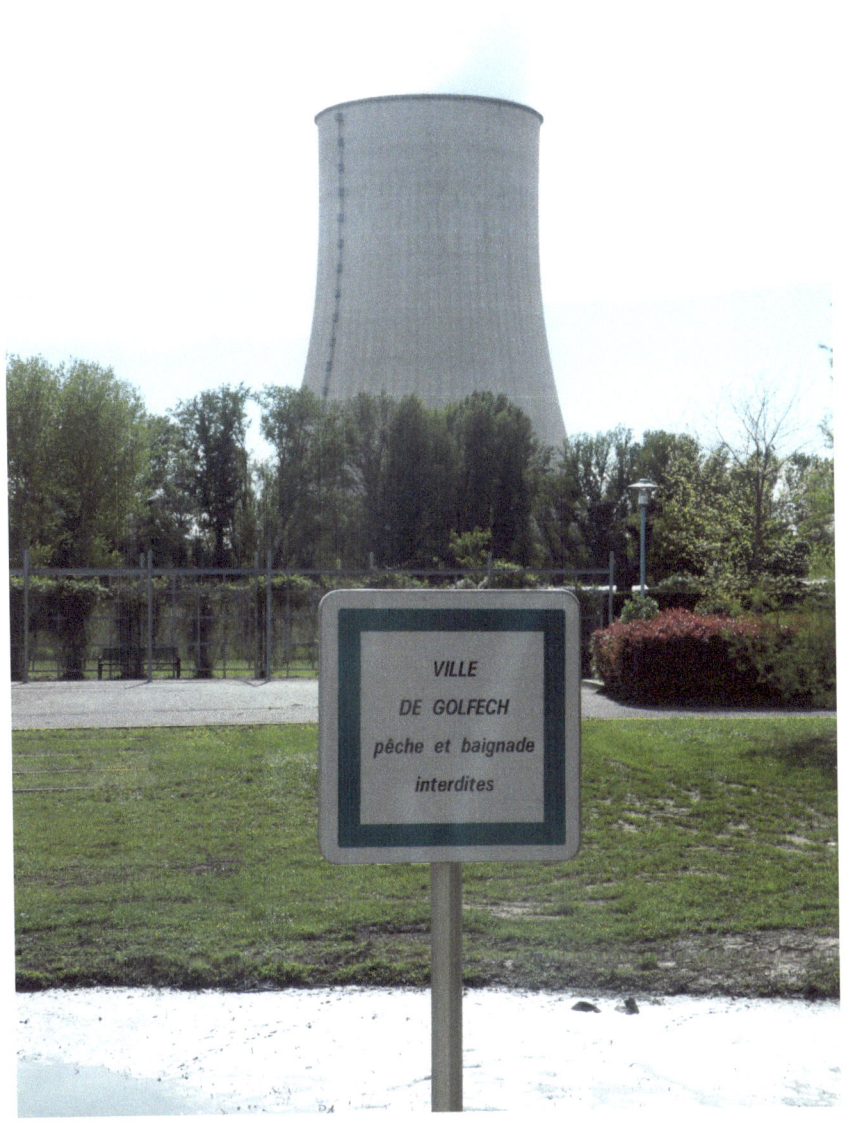

Ville de Golfech pêche et baignade interdites.

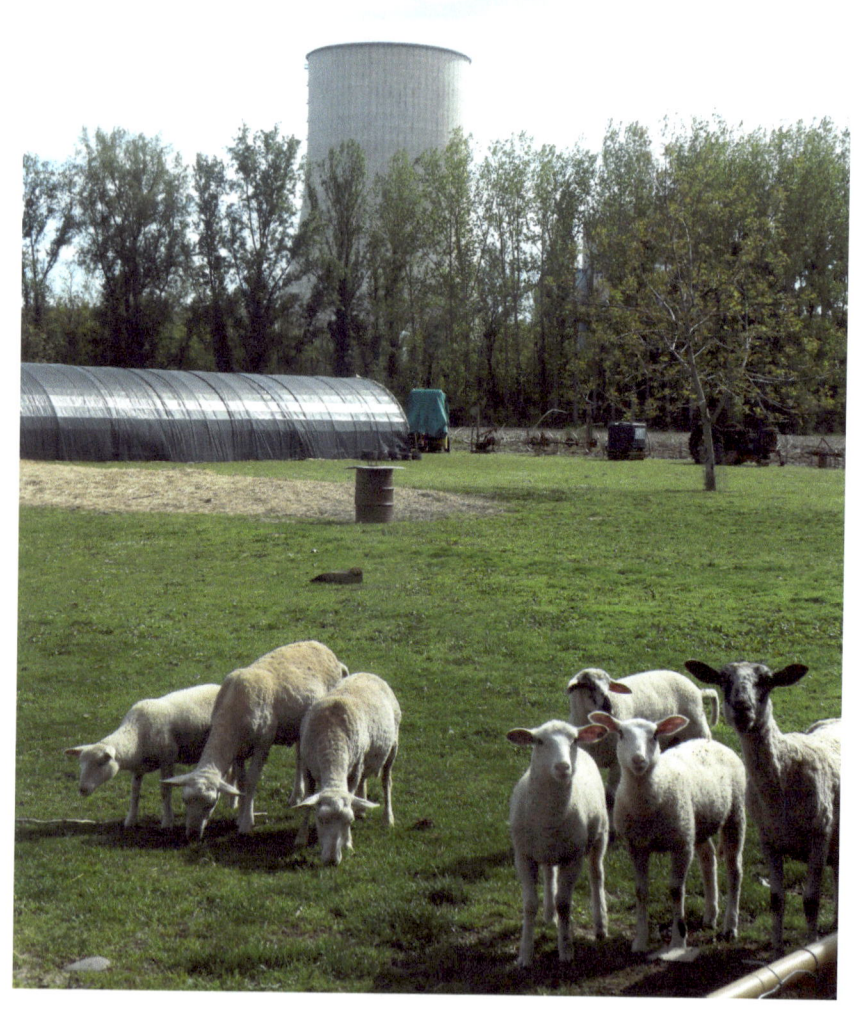

Moutons de Golfech.

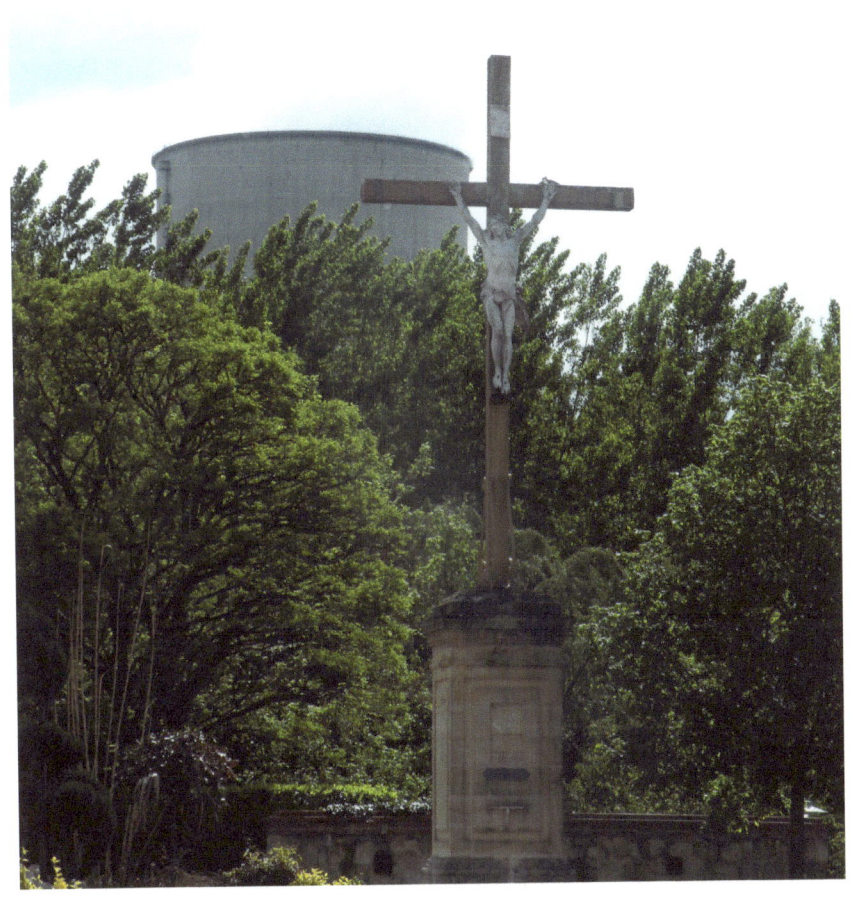

Jésus de Golfech.

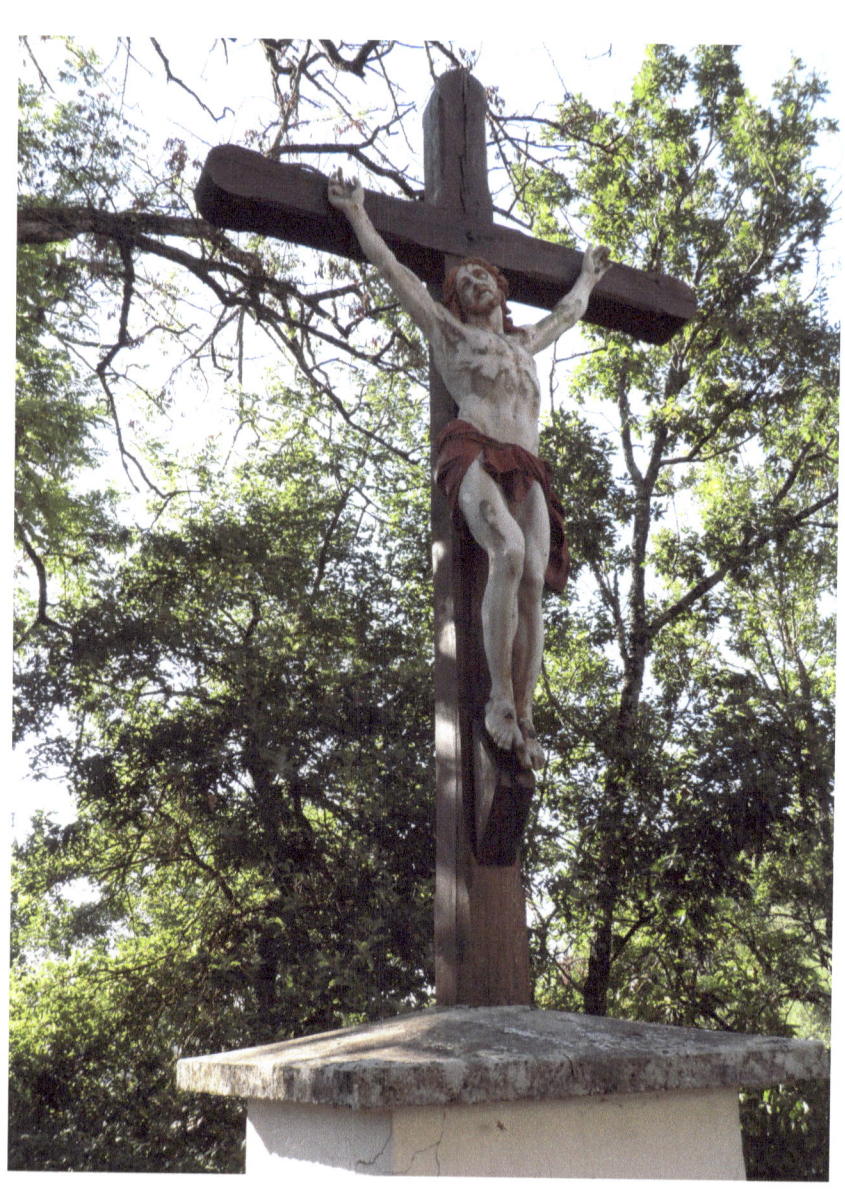

Jésus de Touffailles.

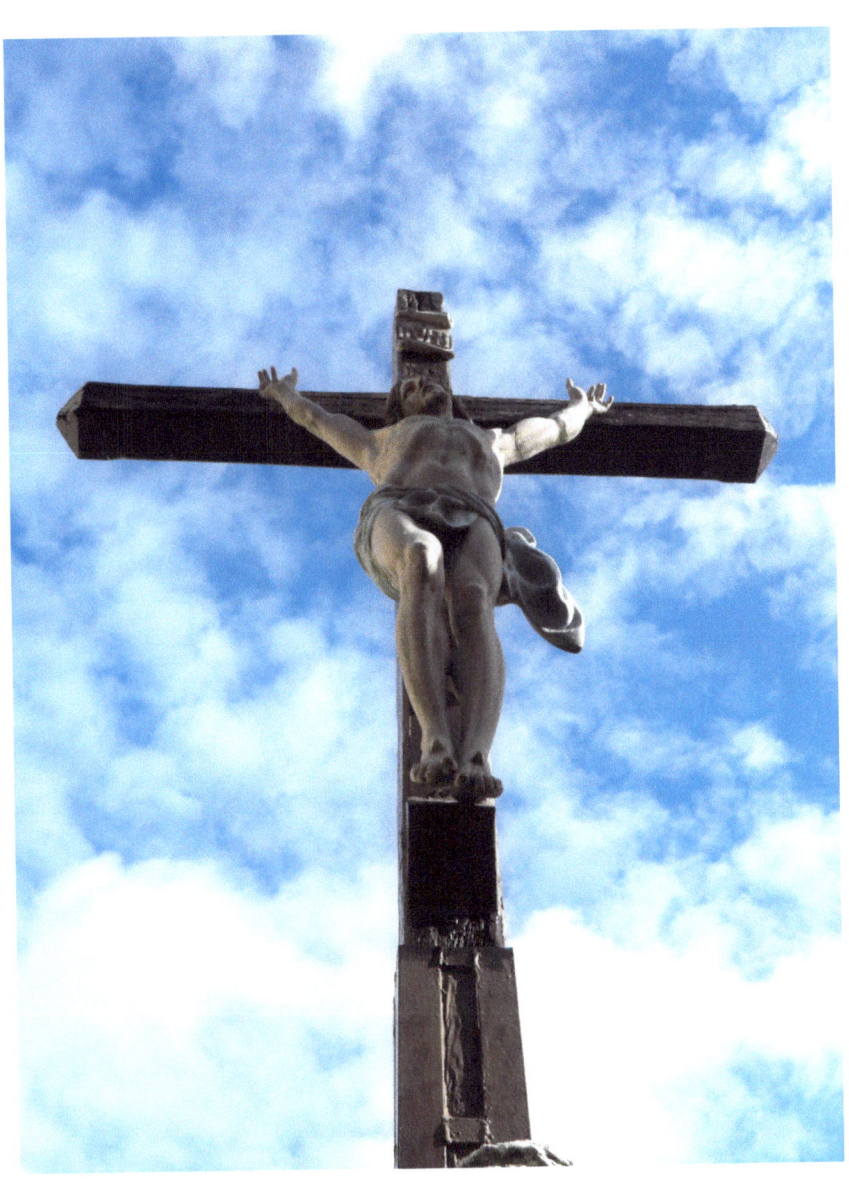

Jésus de Montcuq (Rouillac).

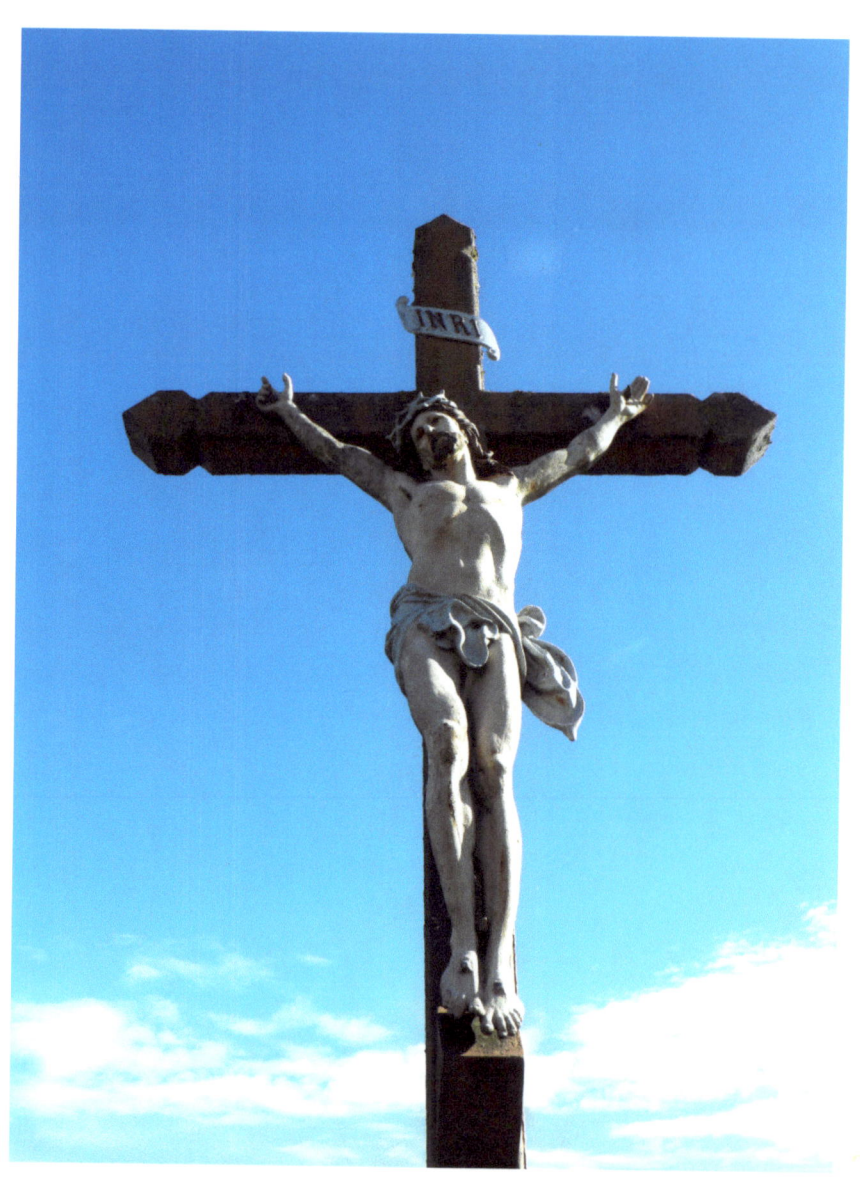

Jésus de Montaigu de Quercy (Couloussac).

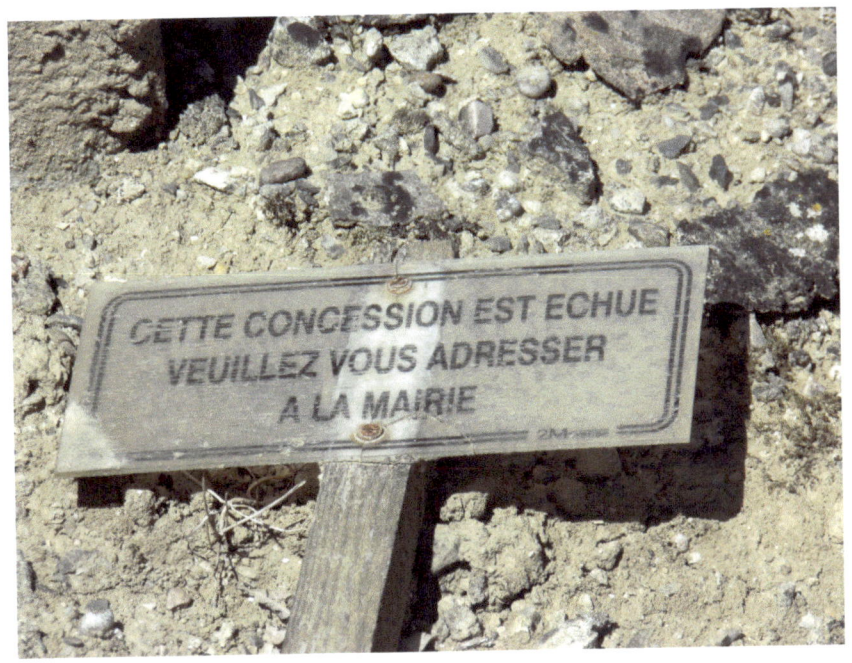

Cimetière du Quercy.

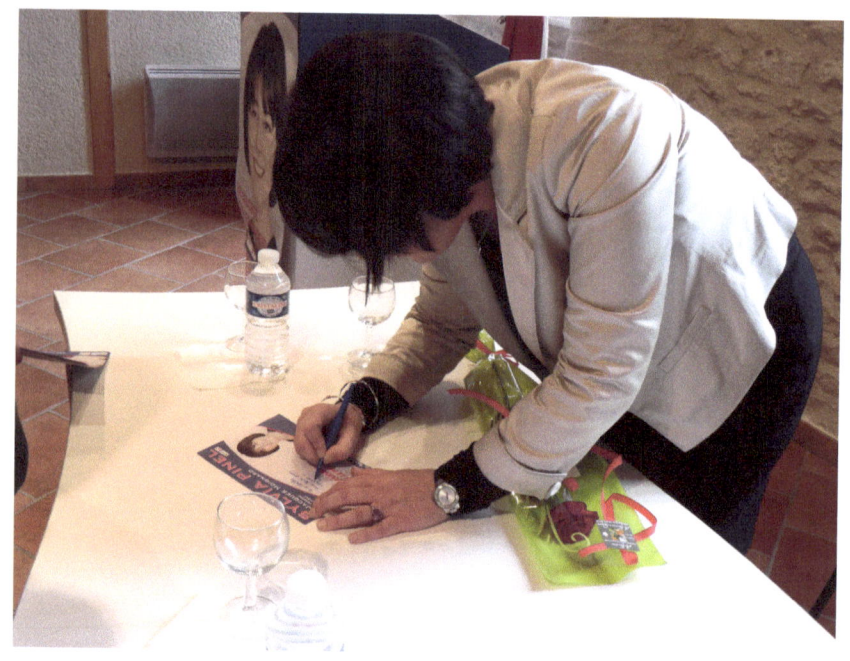

La rose et l'autographe de Sylvia Pinel.

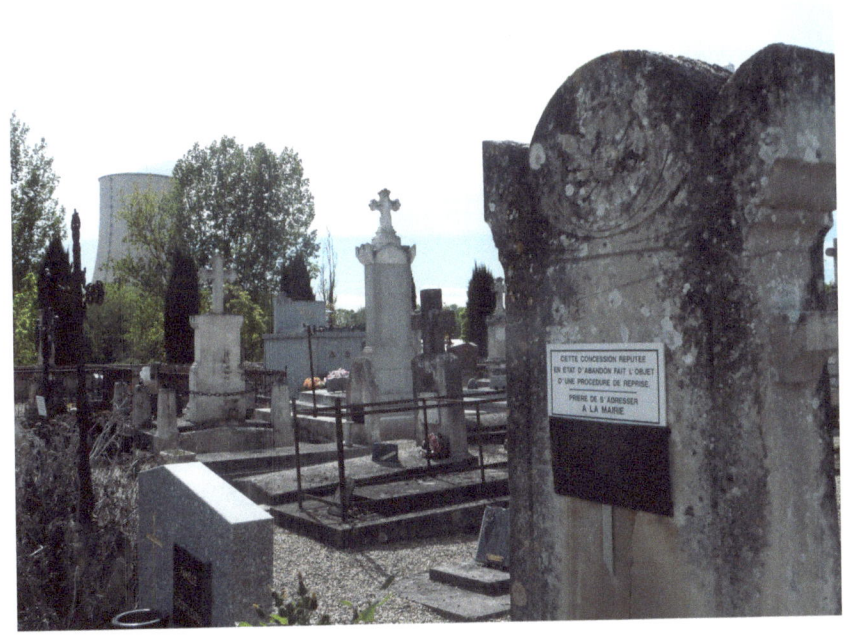

Une place bientôt disponible à Golfech.

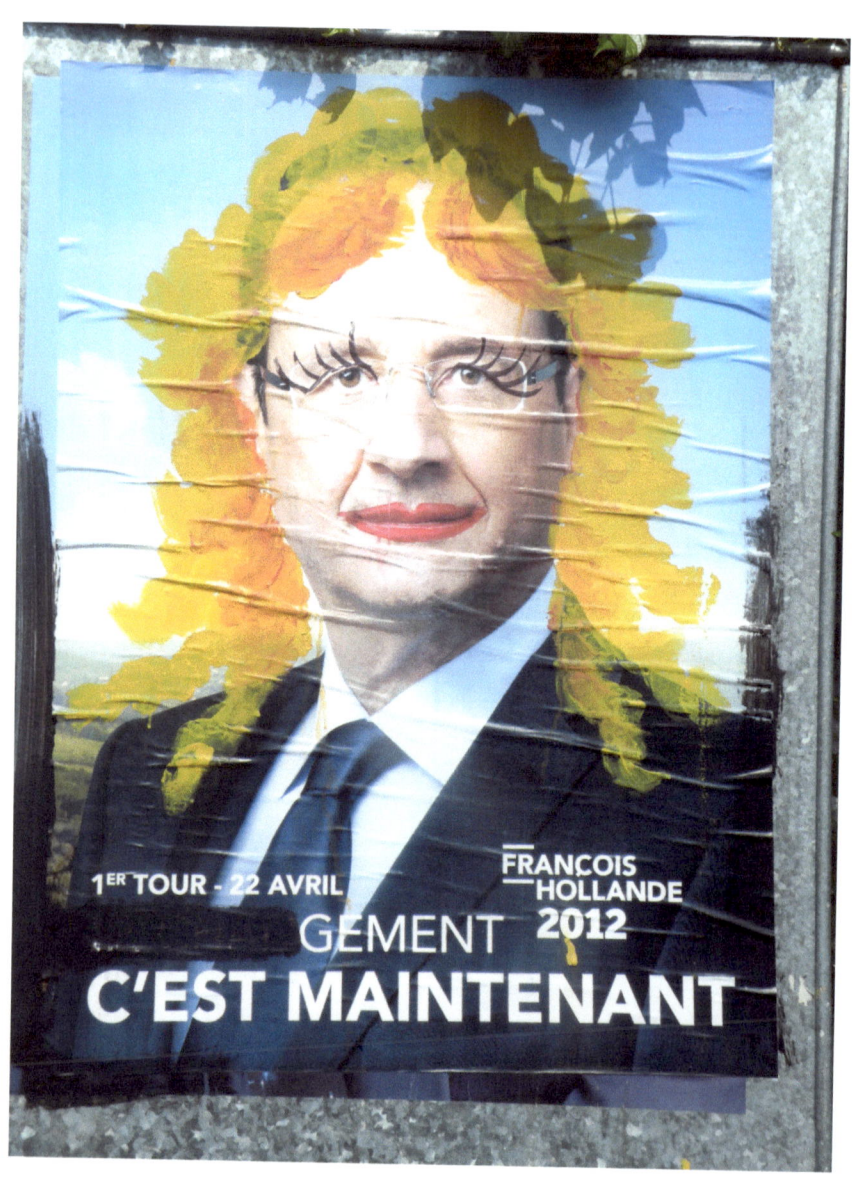

François Hollande de Montcuq.

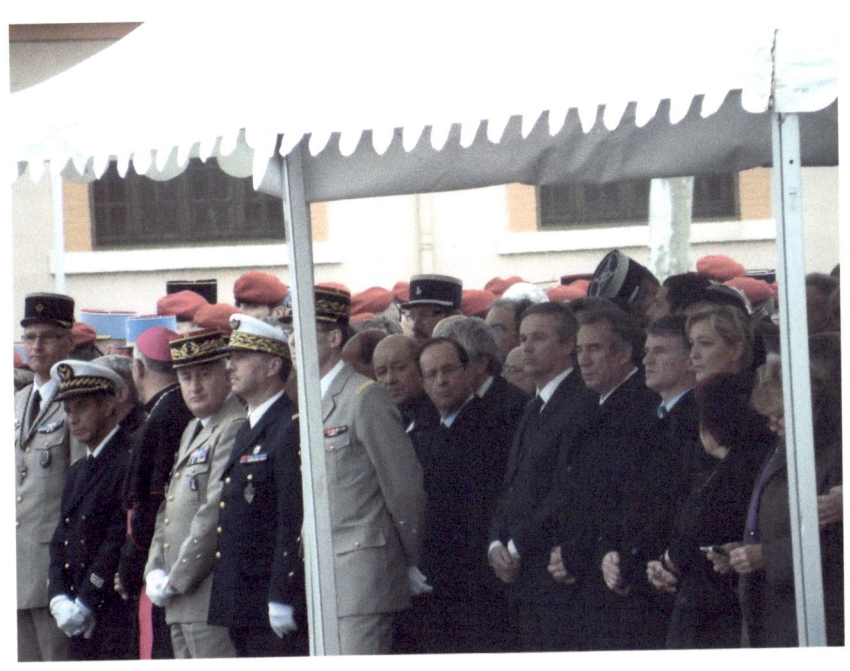

Sous le chapiteau de Montauban, mars 2012.

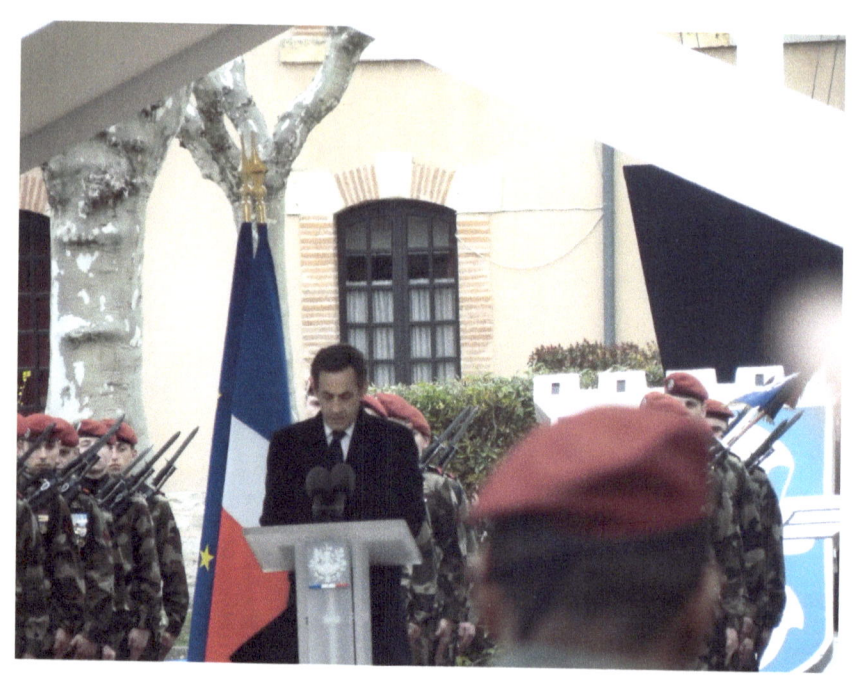

Nicolas Sarkozy, Montauban, mars 2012.

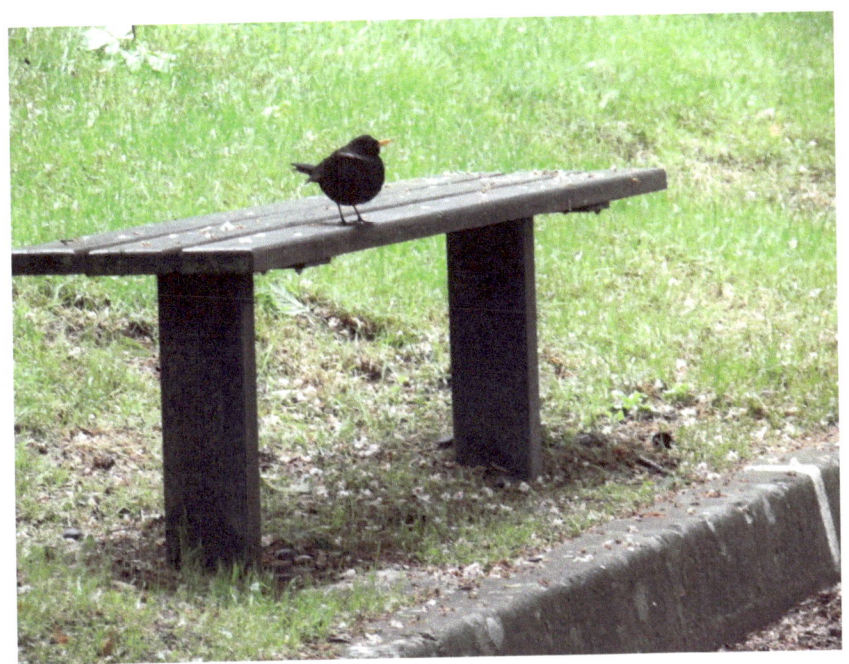

Solitude à Montcuq.

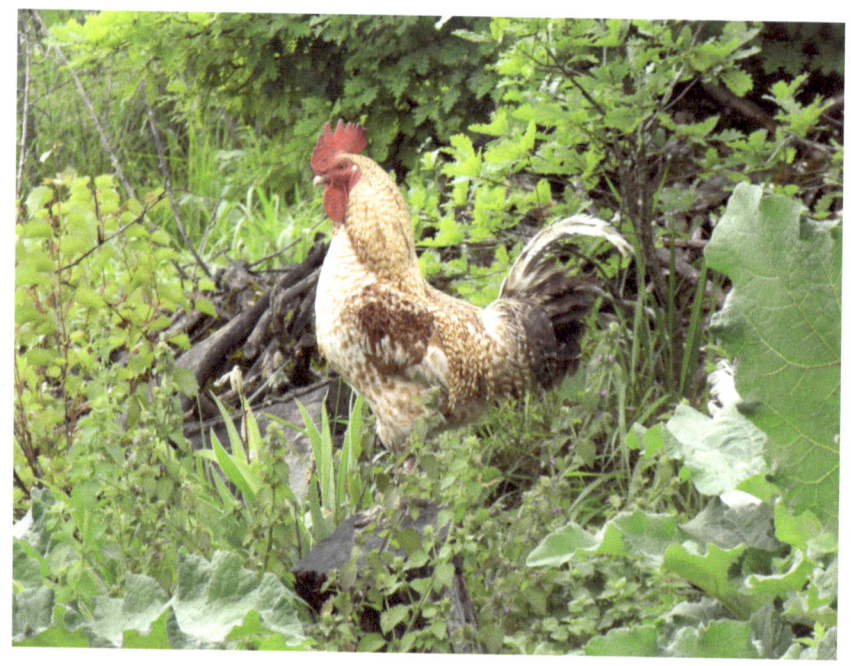

Le retour du coq, du Quercy.

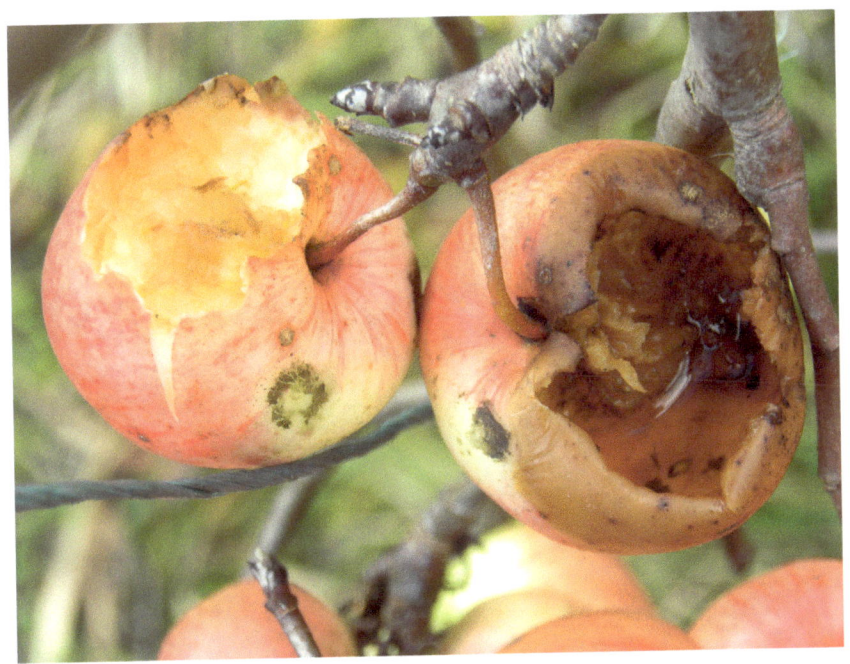

Pommes réelles.

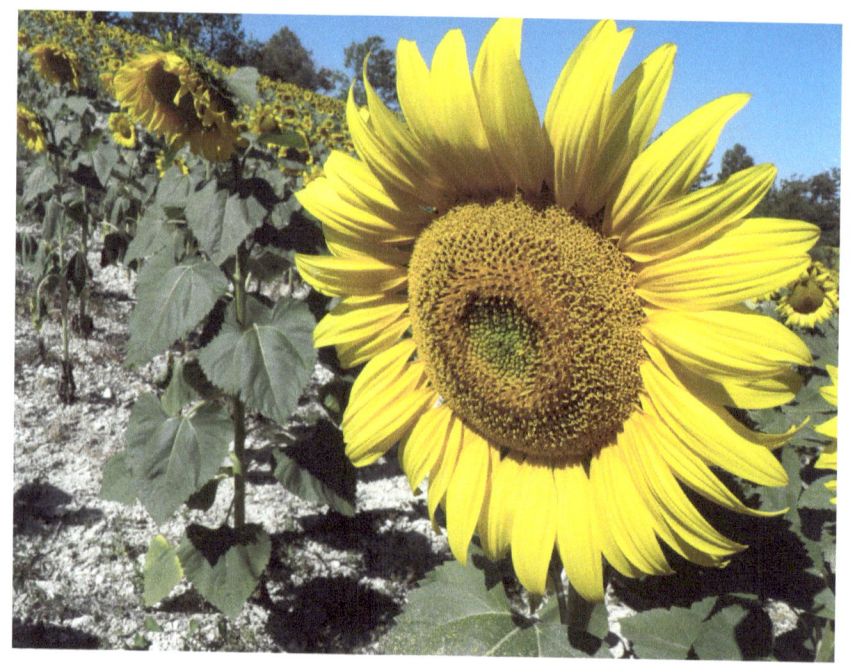

Tournesols.

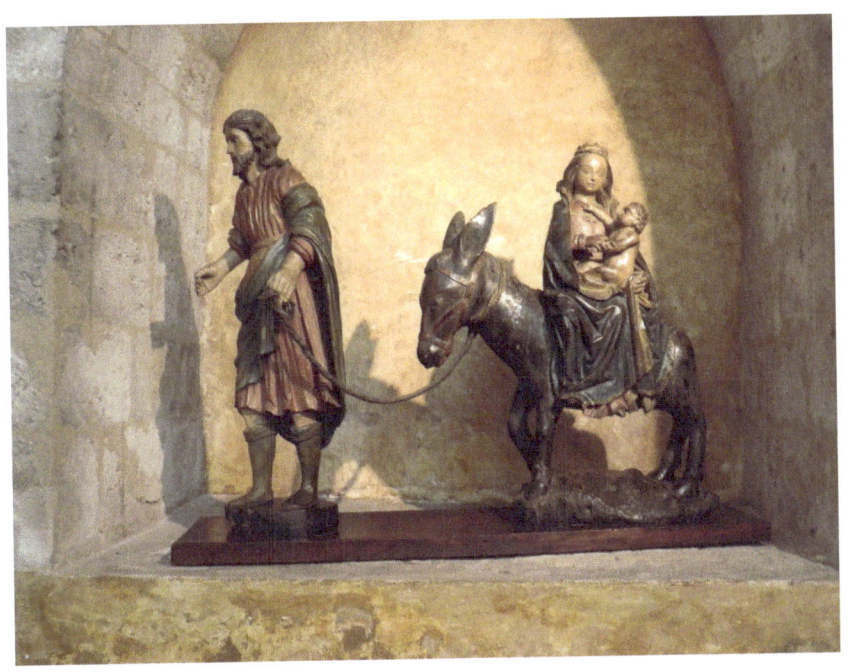

La fuite en Egypte de Joseph, Marie, l'enfant et l'âne, à Moissac.

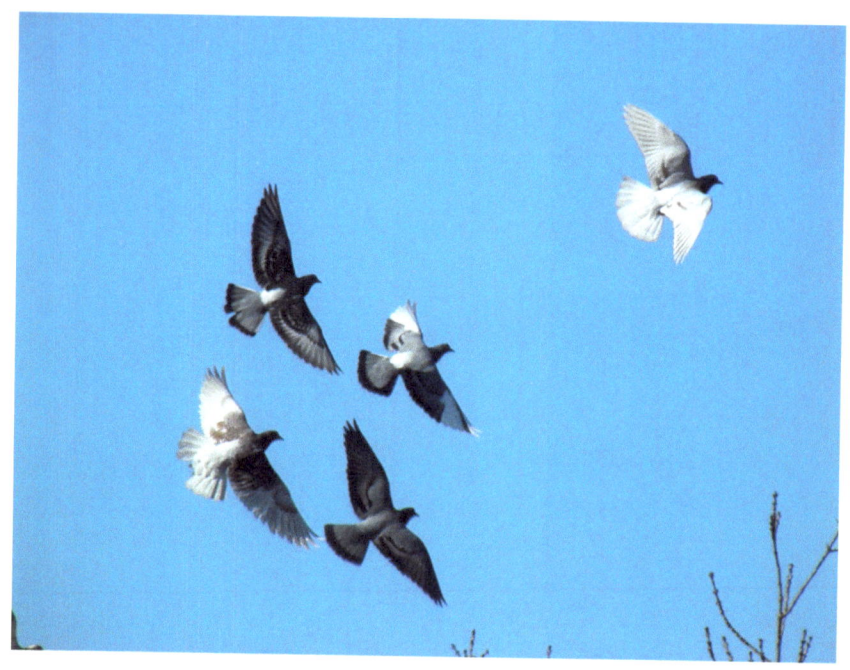

Pigeons du Quercy.

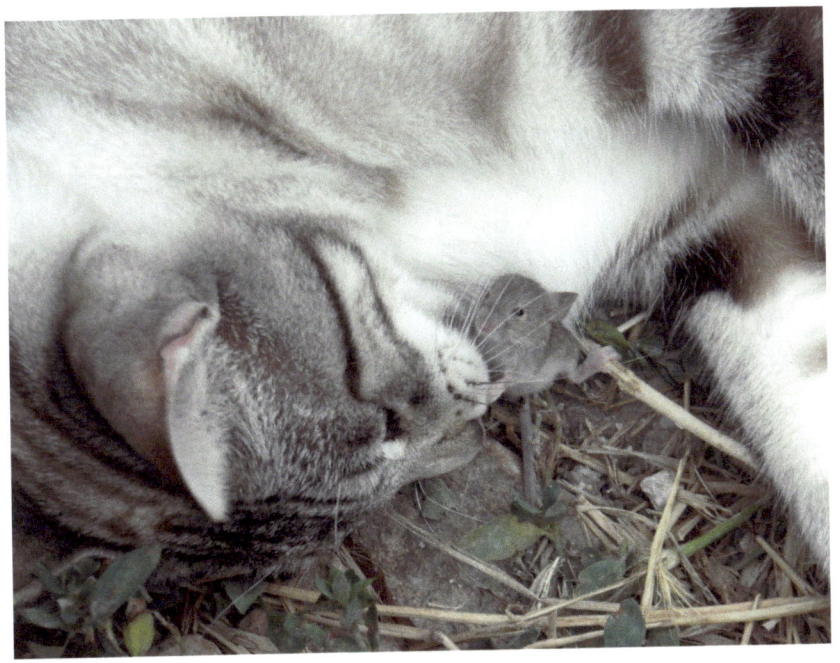

La souris et le chat.

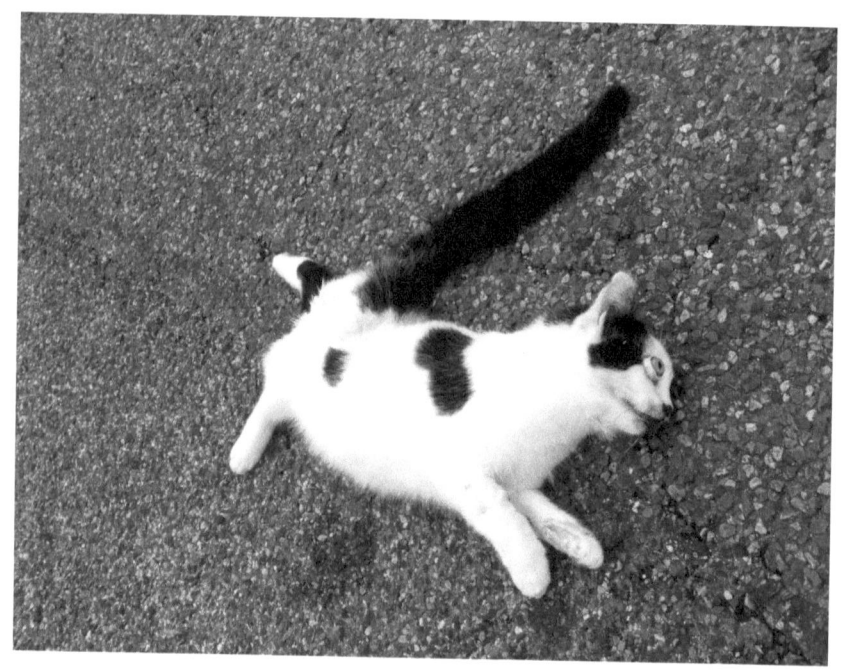

Chat sur la route.

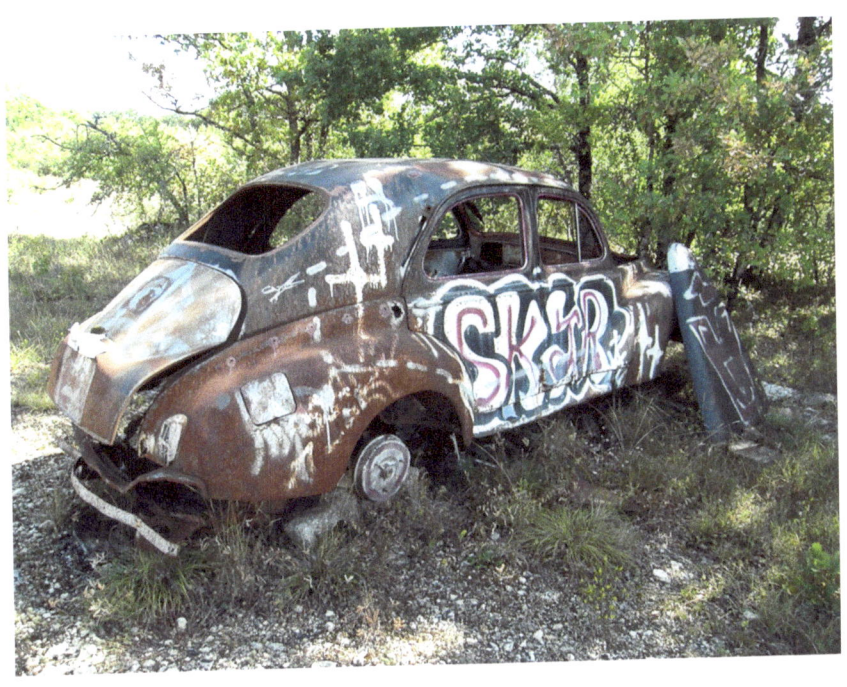

Peugeot 203C.

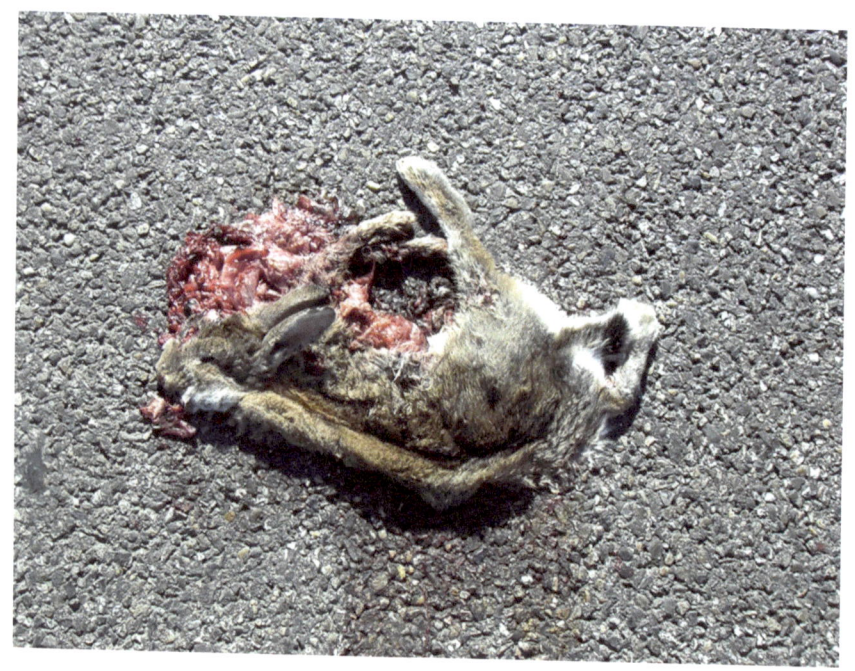

Lapin après passage de voitures.

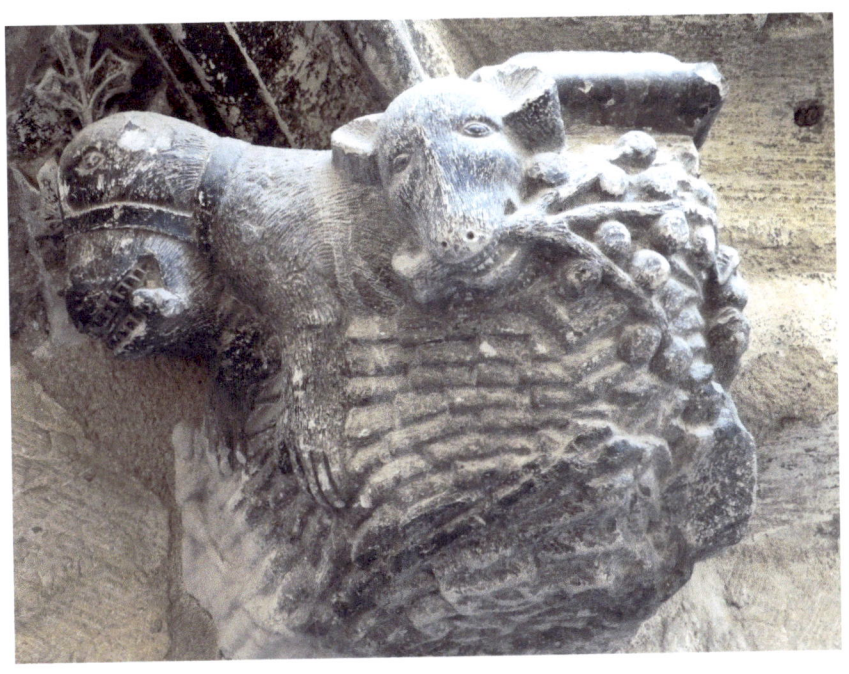

Maison Gaubert à Villefranche de Rouergue.

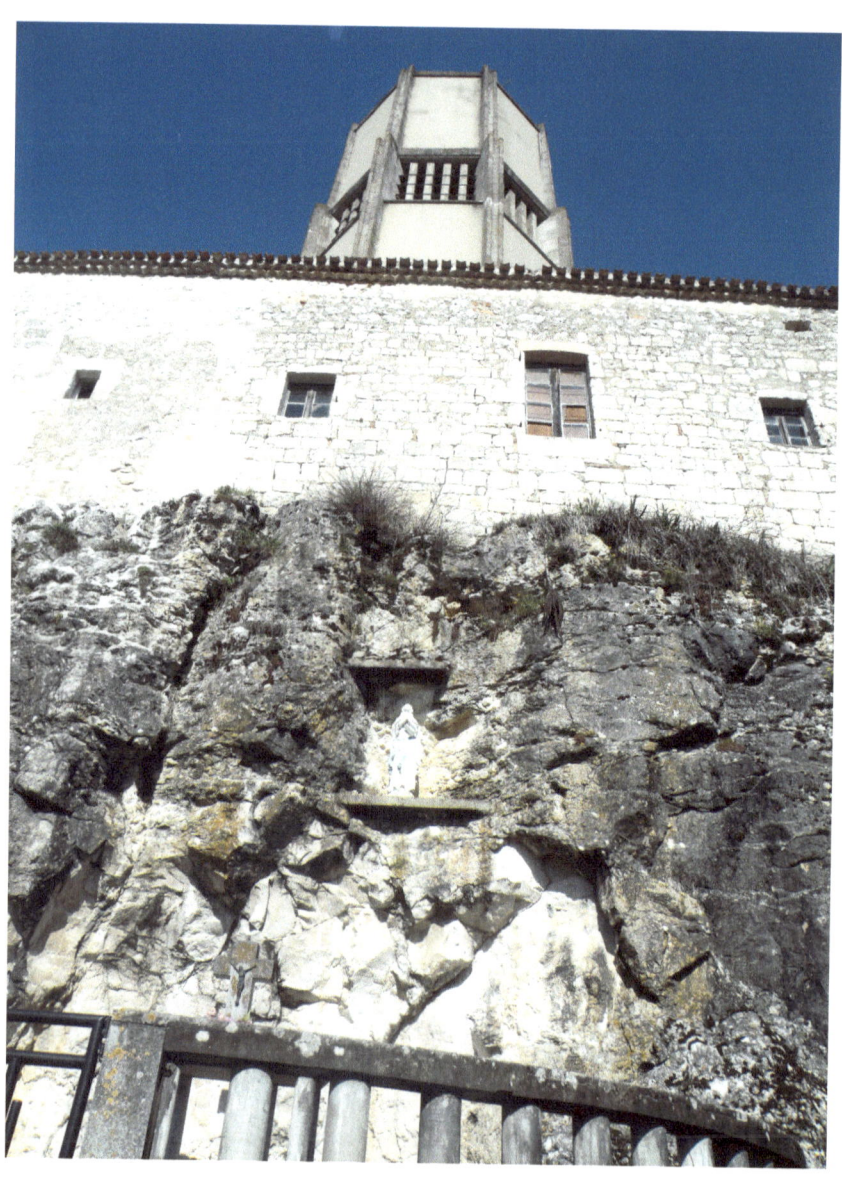

La vierge sous l'église sous clocher château d'eau de Tournon d'Agenais.

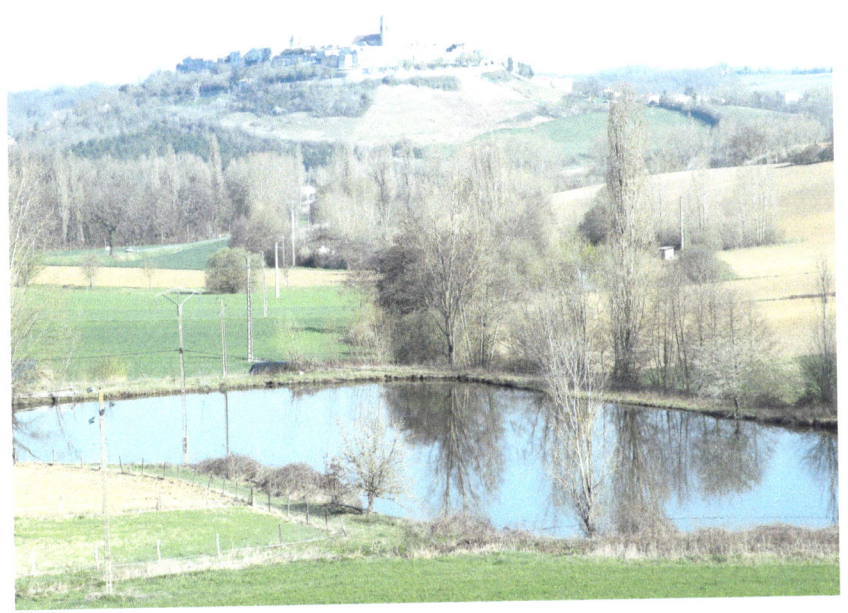

Tournon d'Agenais.

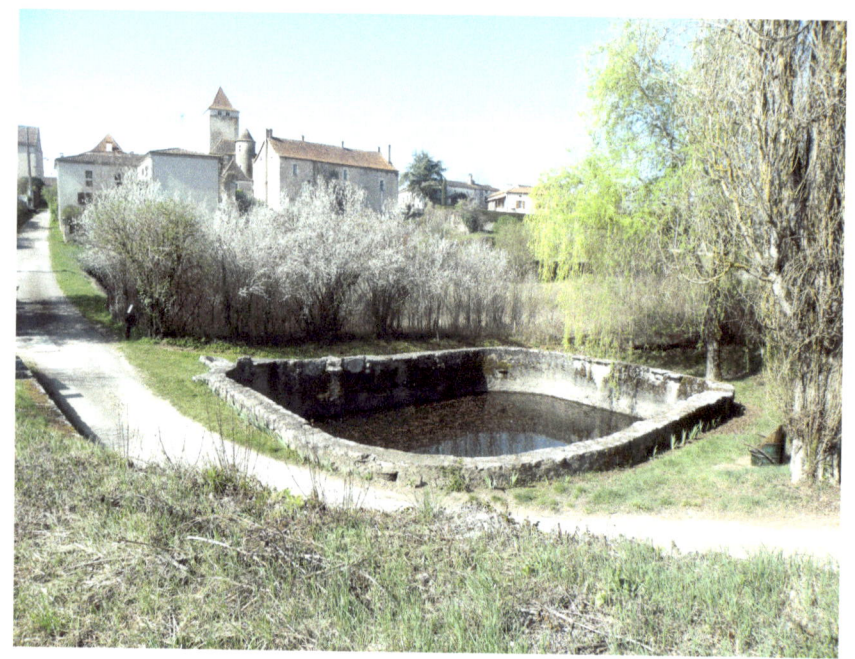

Concots.

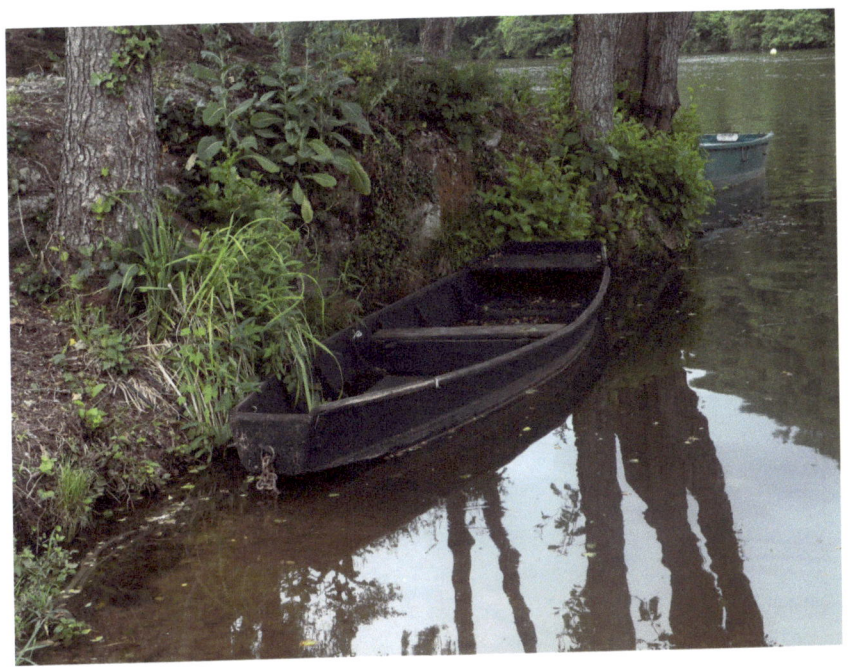

Barque sur le Lot, à Cajarc.

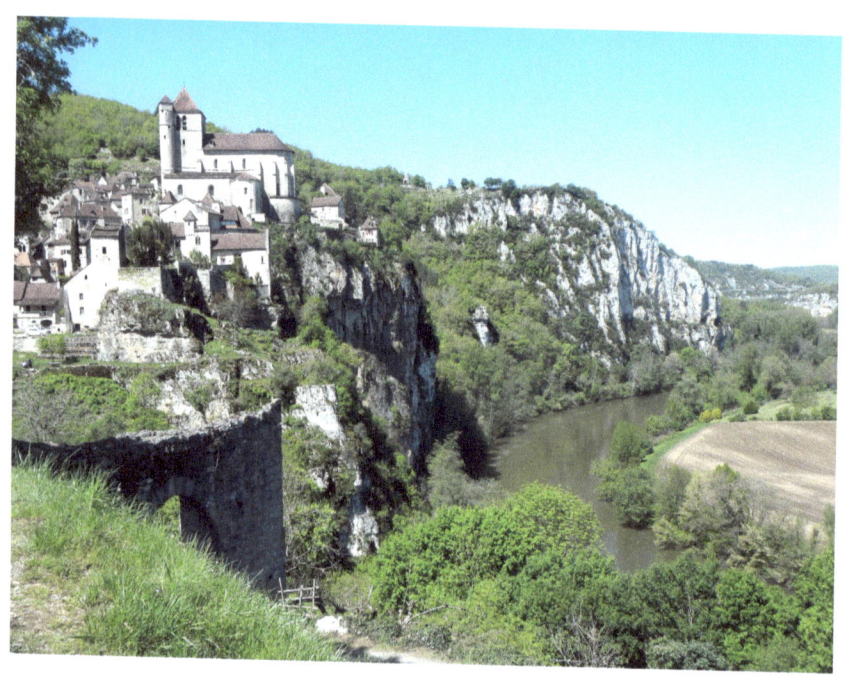

Saint-Cirq-Lapopie.

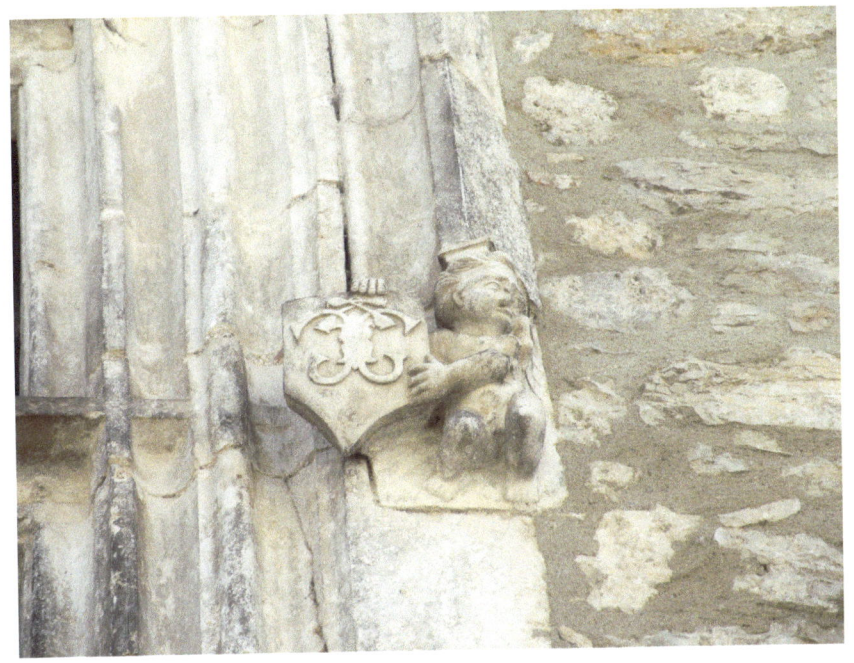

Ange de Saint-Cirq-Lapopie.

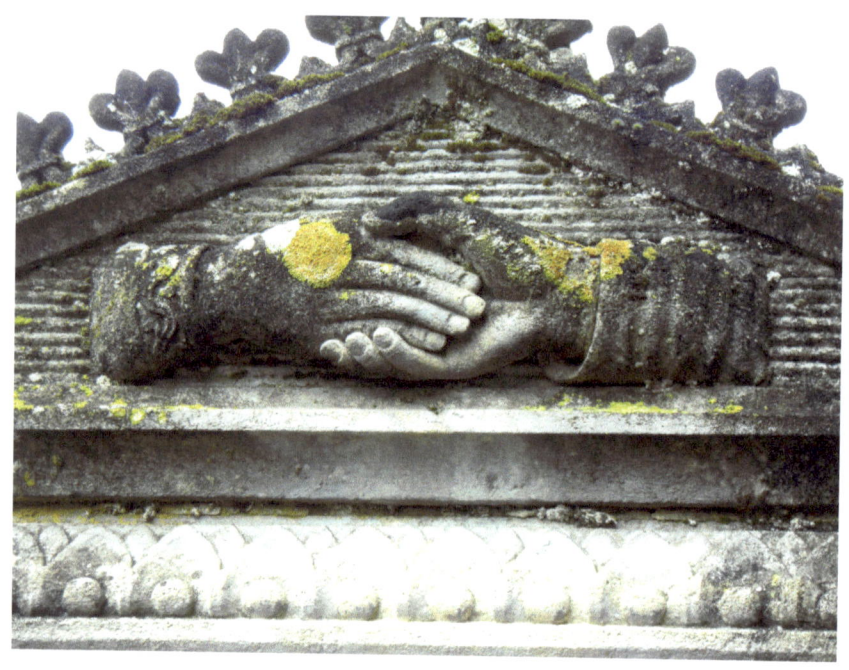

Adéle et Marie Borie, Cahors.

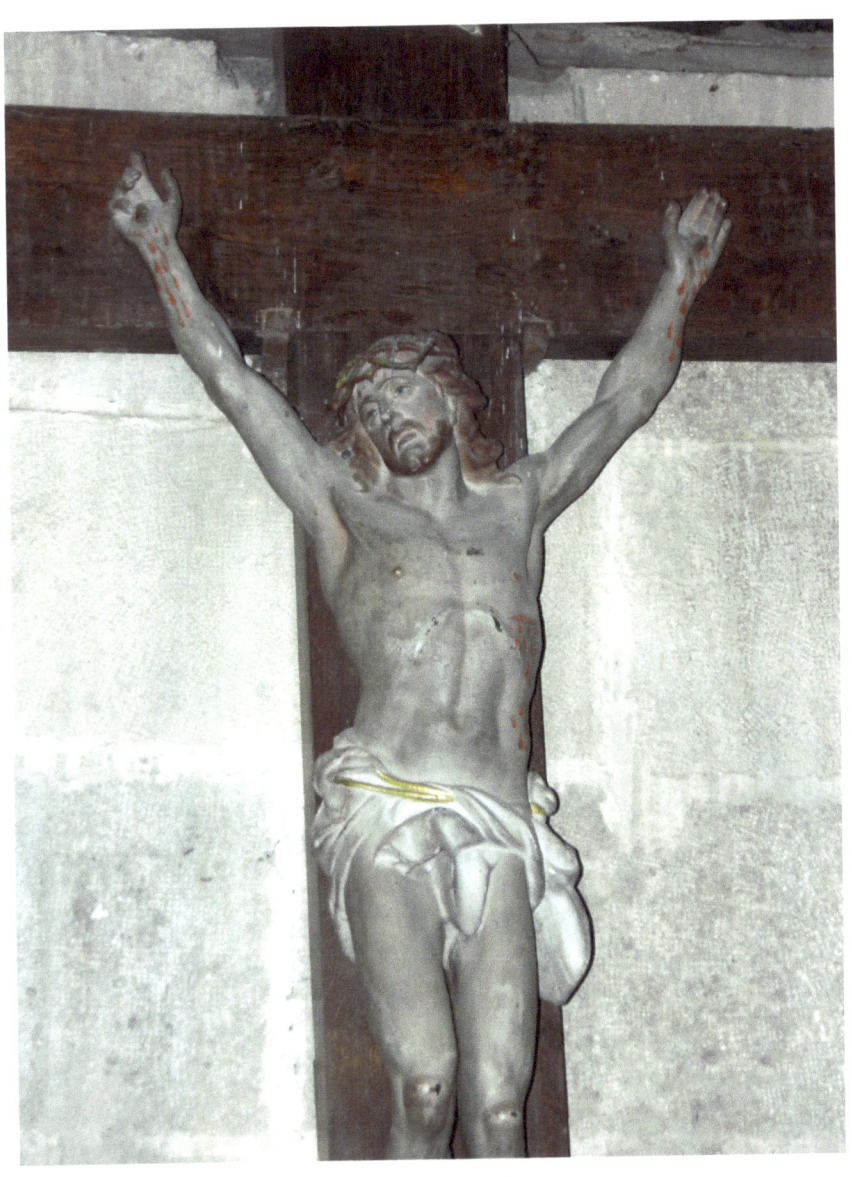

Jésus de Monsempron.

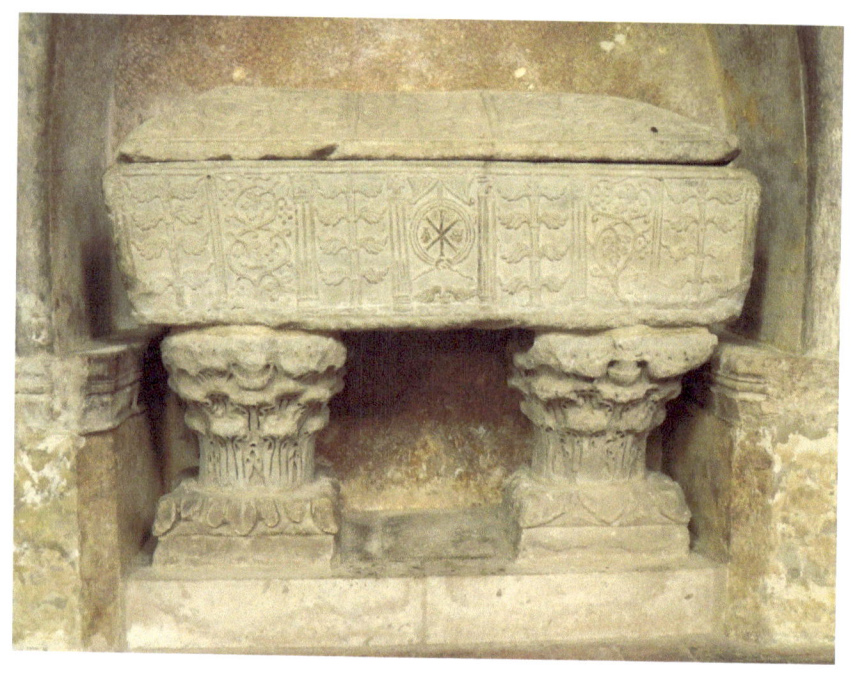

Sarcophage mérovingien de l'église Saint Pierre de Moissac.

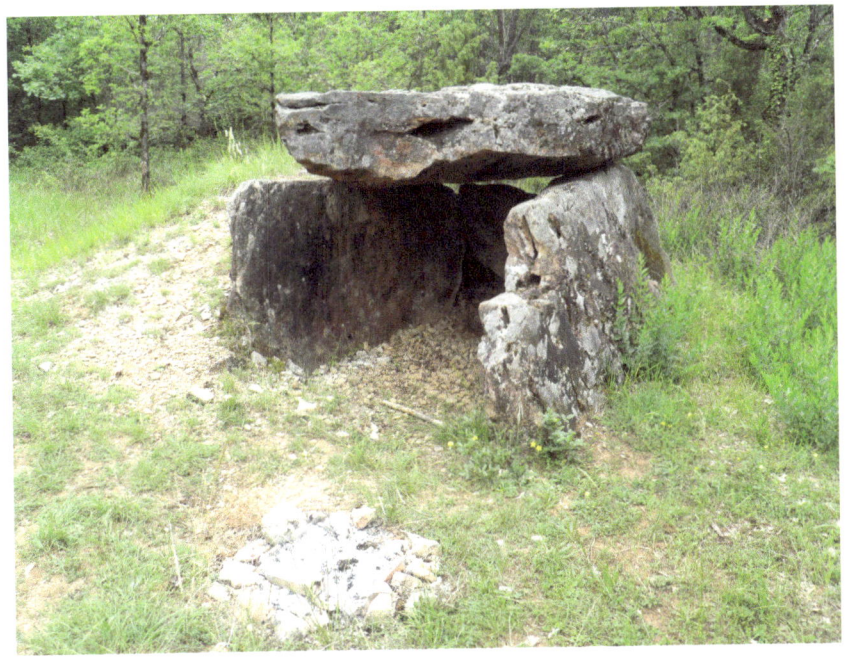

Dolmen à Prayssac.

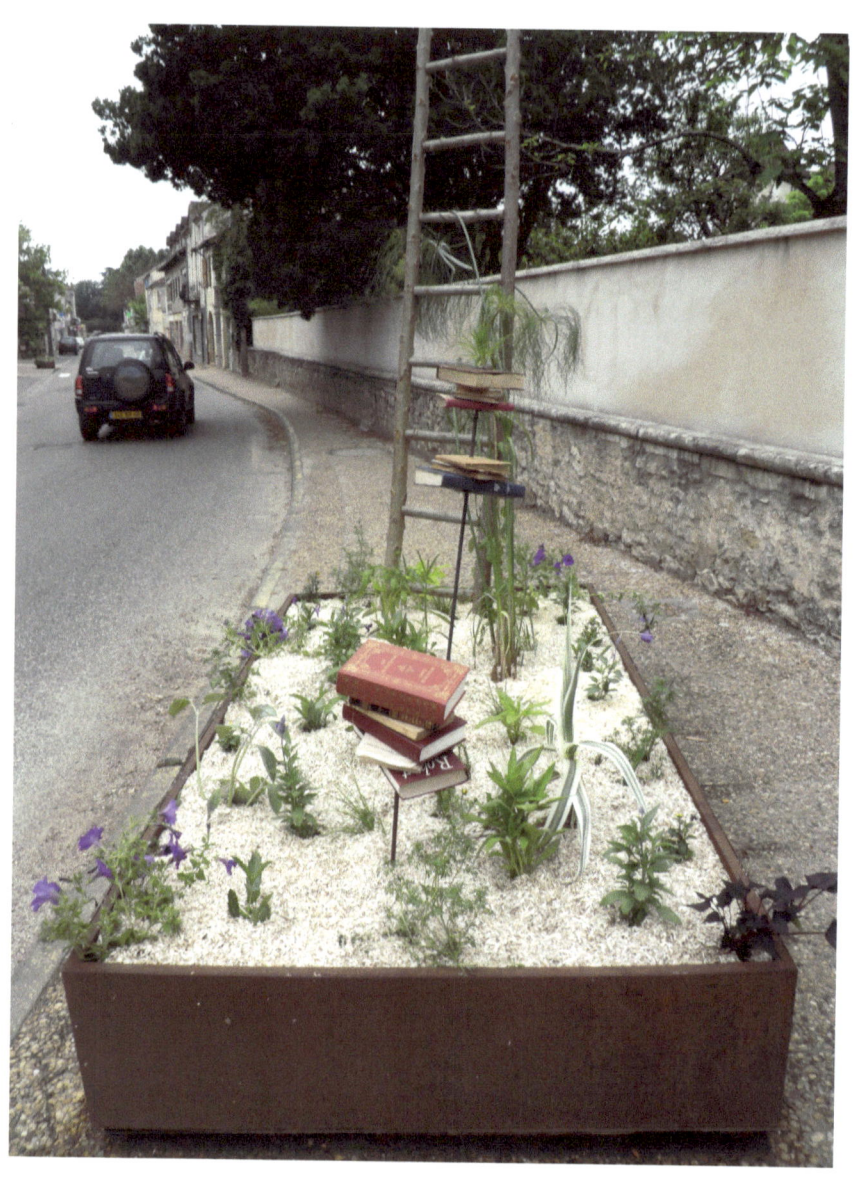

Prayssac.

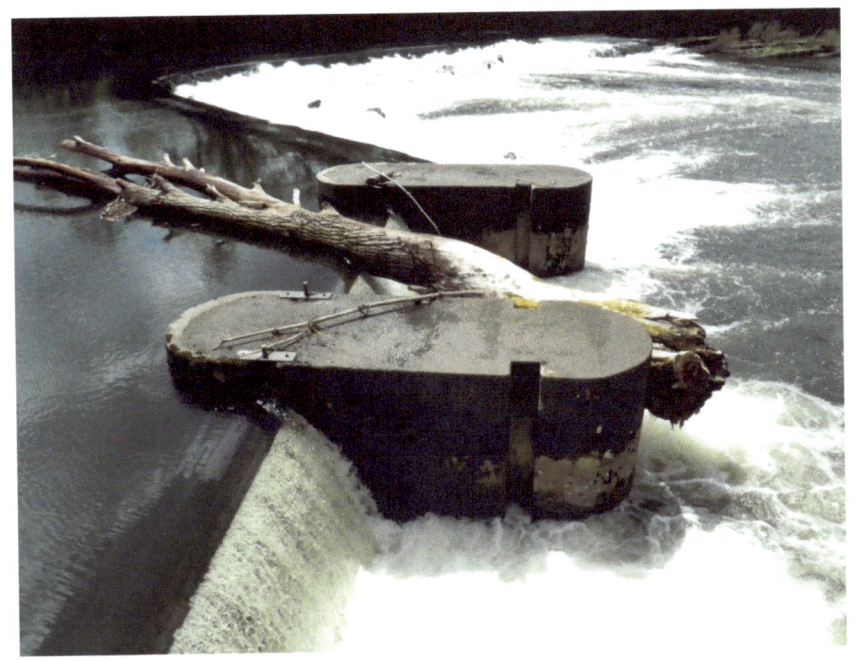

Le Lot, à Castelfranc.

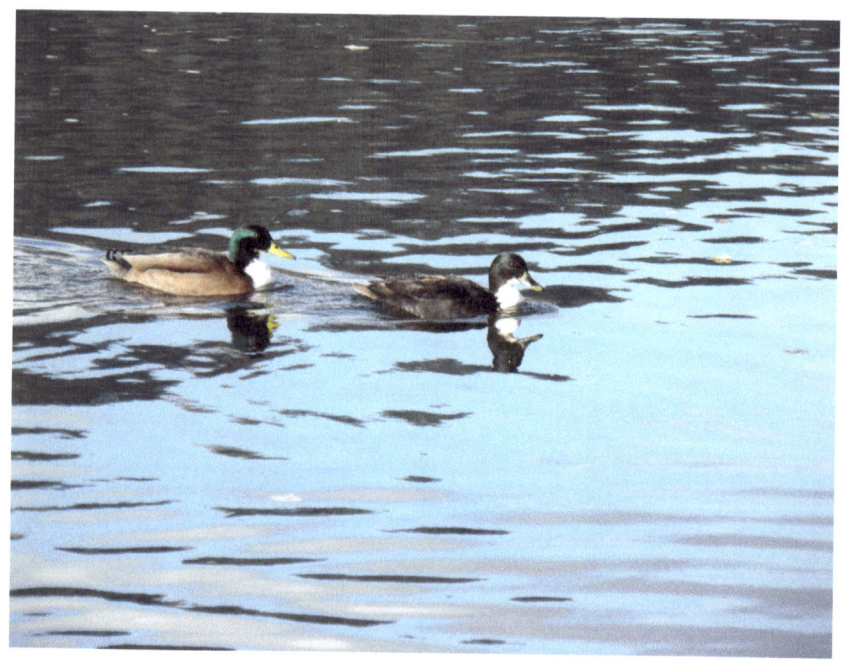

Les deux canards de Cahors.

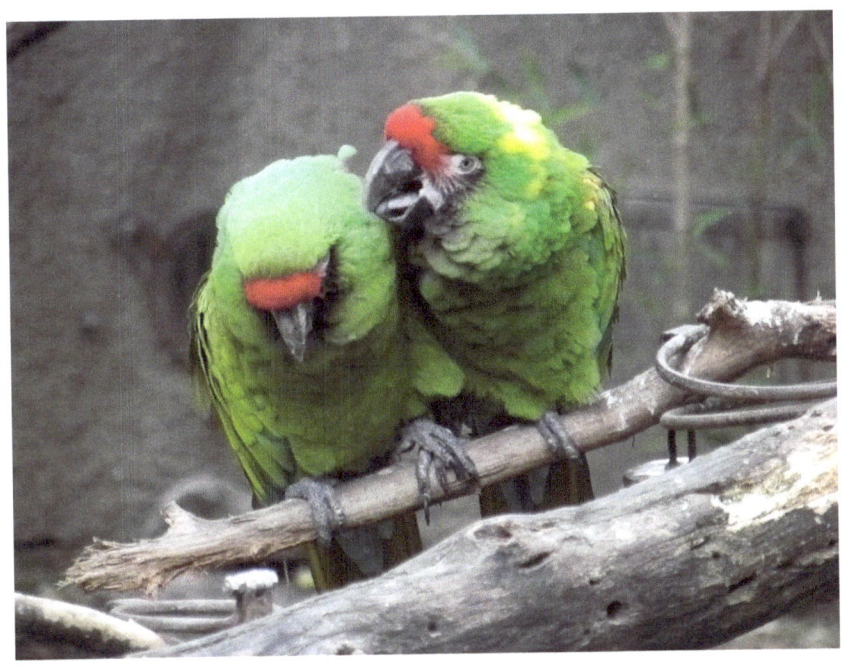

Dialogue de perroquets.

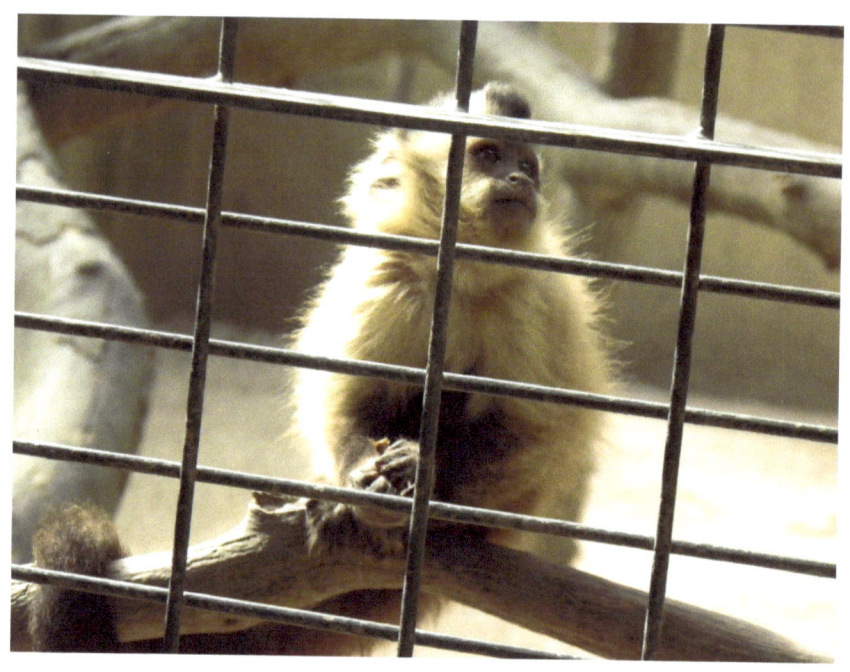

Deux yeux derrière des barreaux.

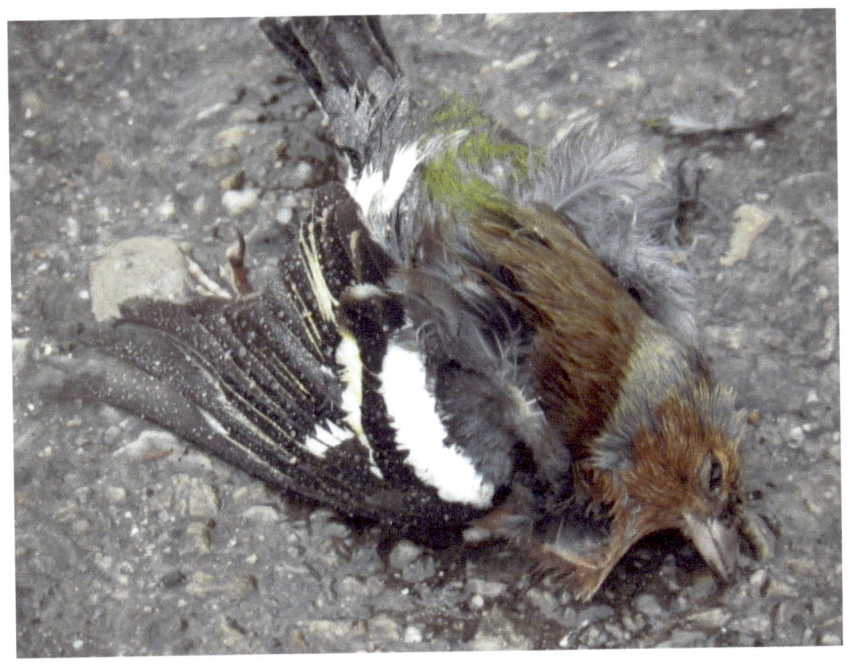

Un oiseau sur une route.

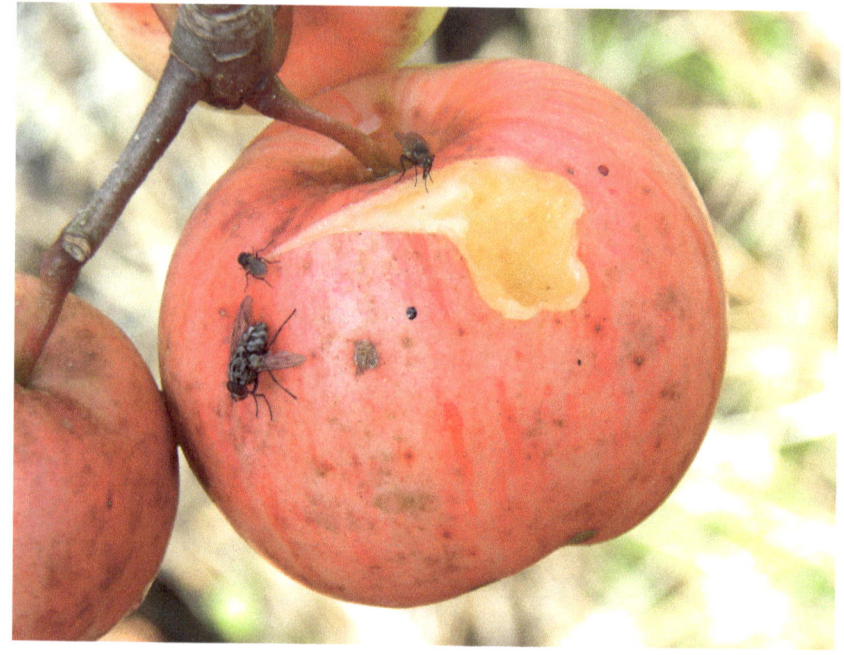

Trois mouches et une pomme ouverte.

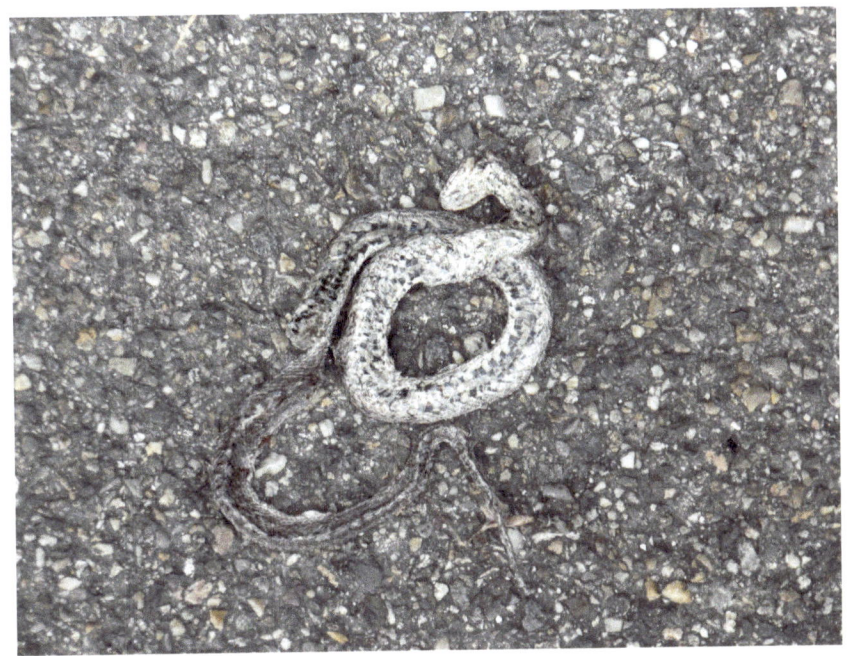

Inoffensif.

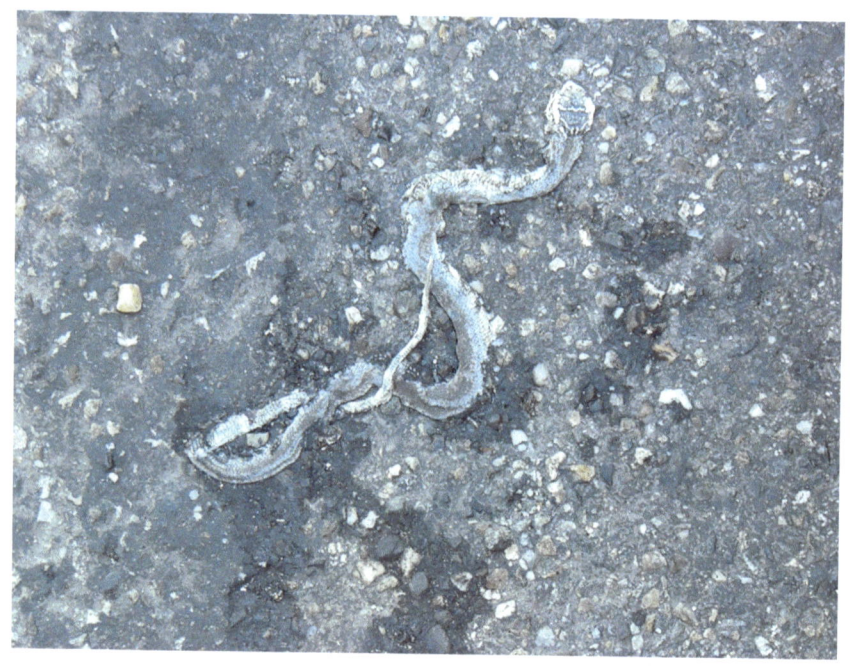

A-t-il eu le temps de faire peur ?

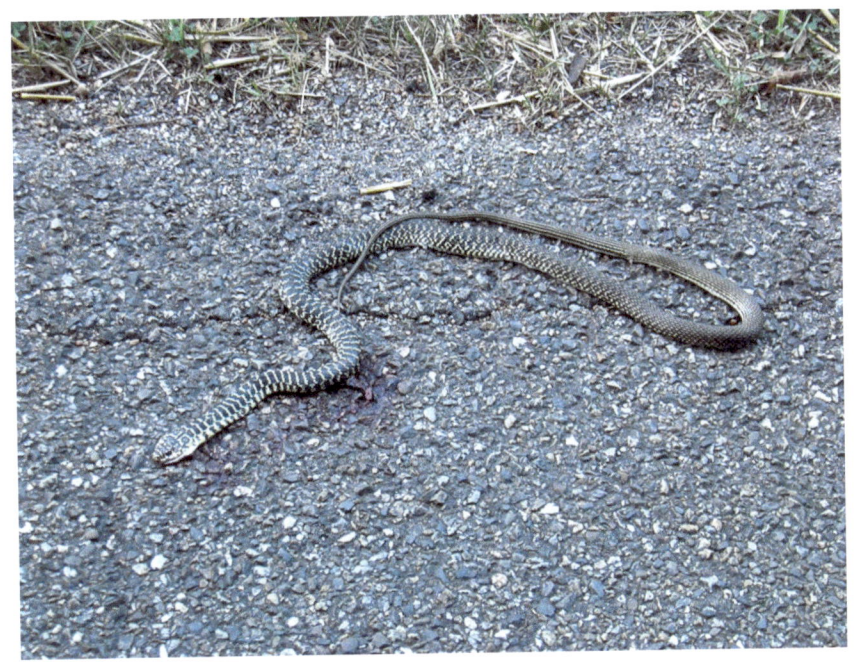

Un peu de sang perdu...

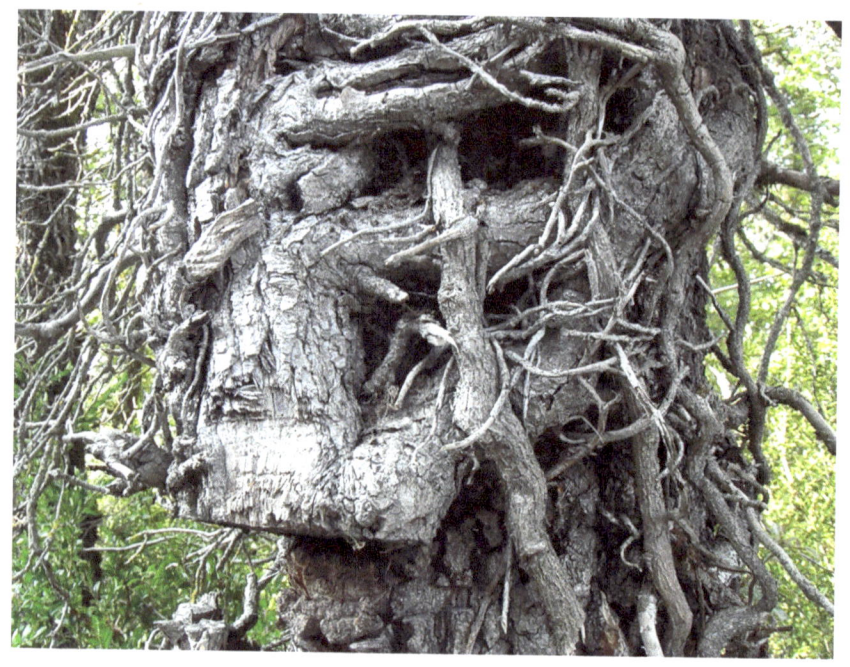

Un arbre accompagné.

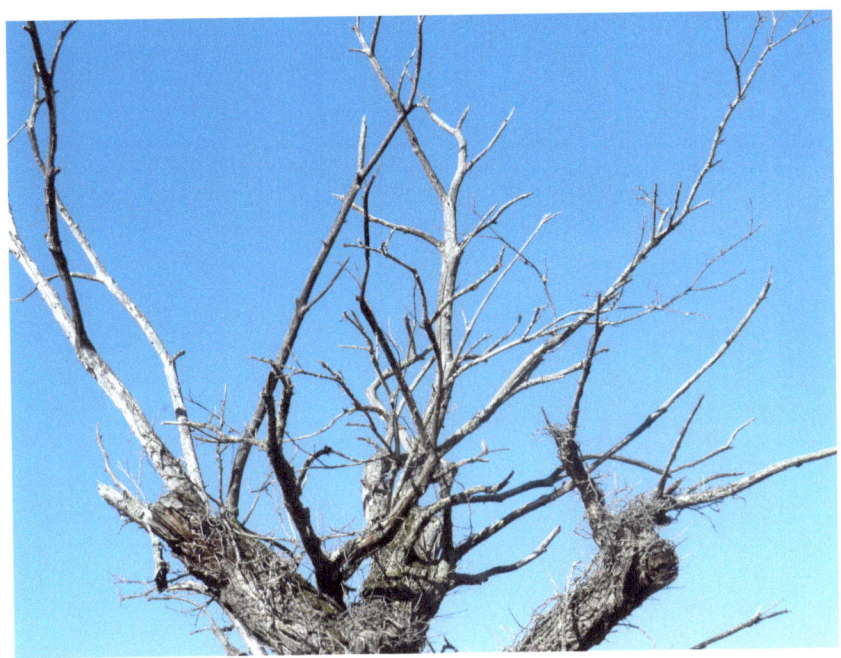

La beauté de la mort.

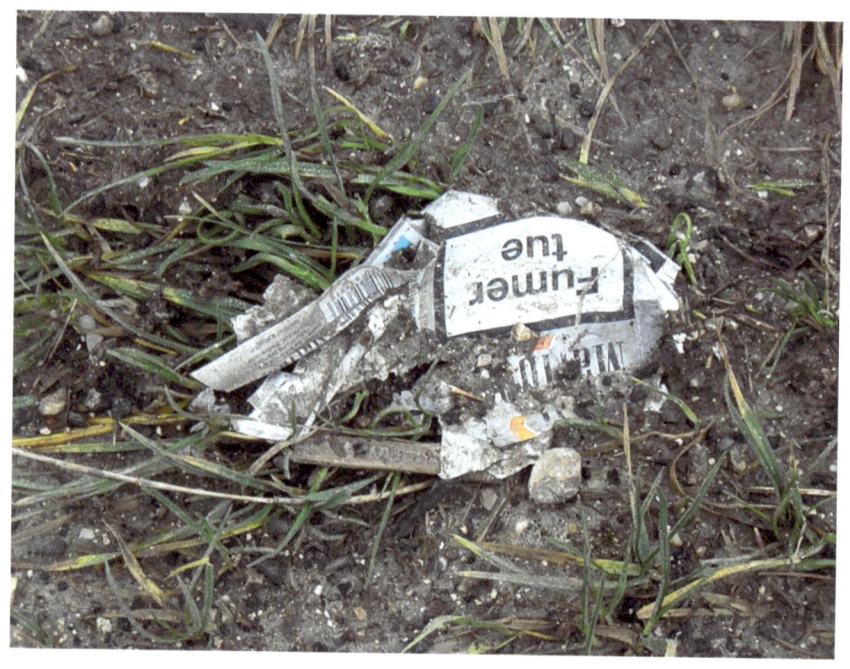

Que devient un paquet de cigarettes ?

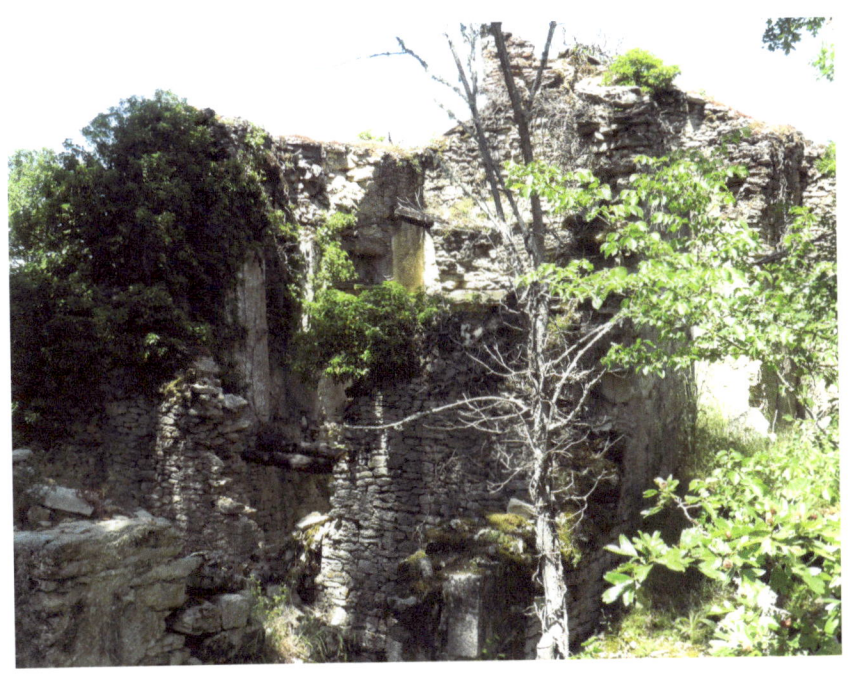

Les dernières pierres vont tomber.

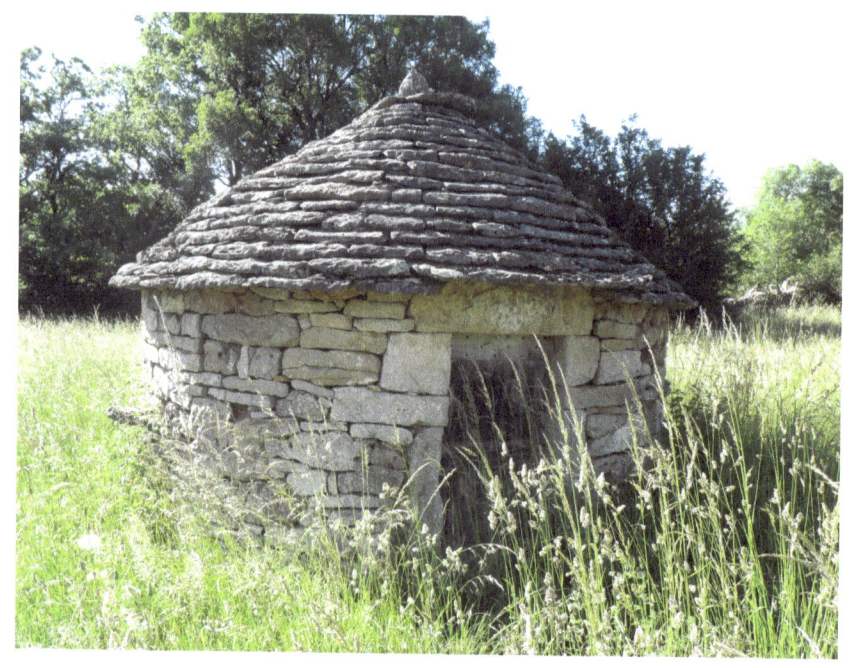

Gariotte à Laramière.

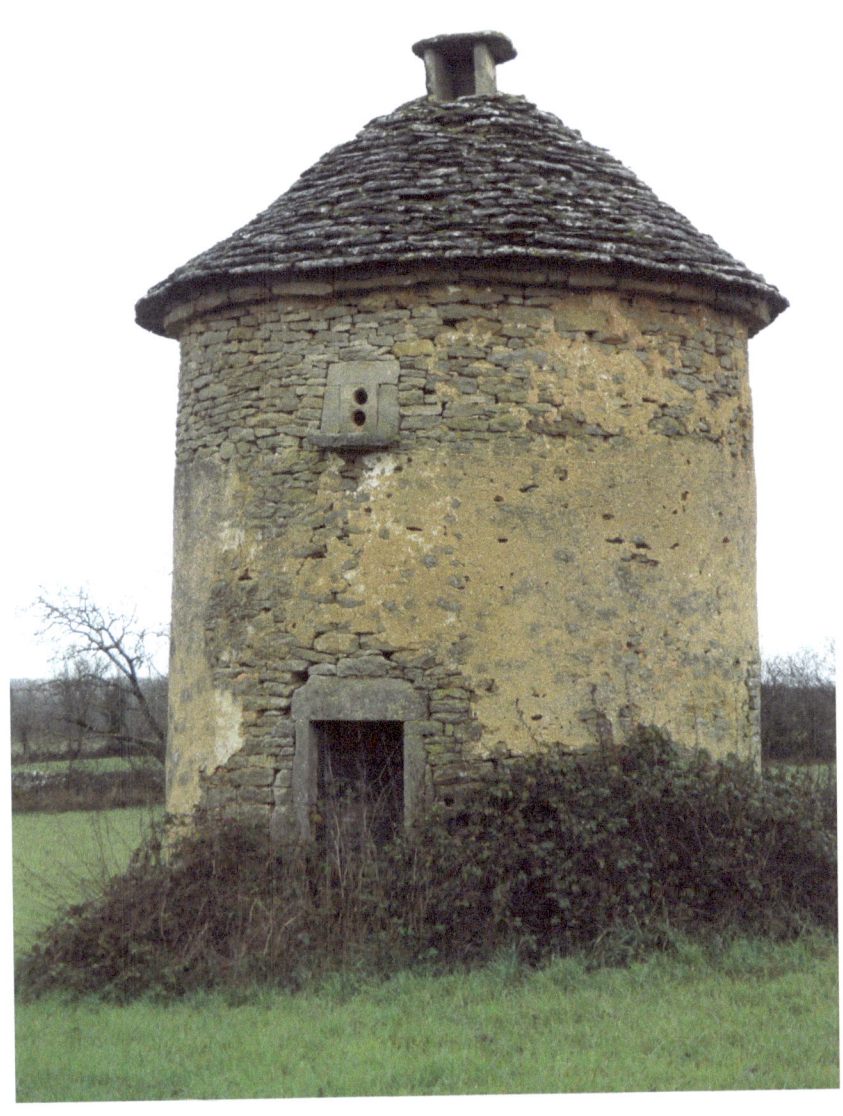

Pigeonnier à Beauregard.

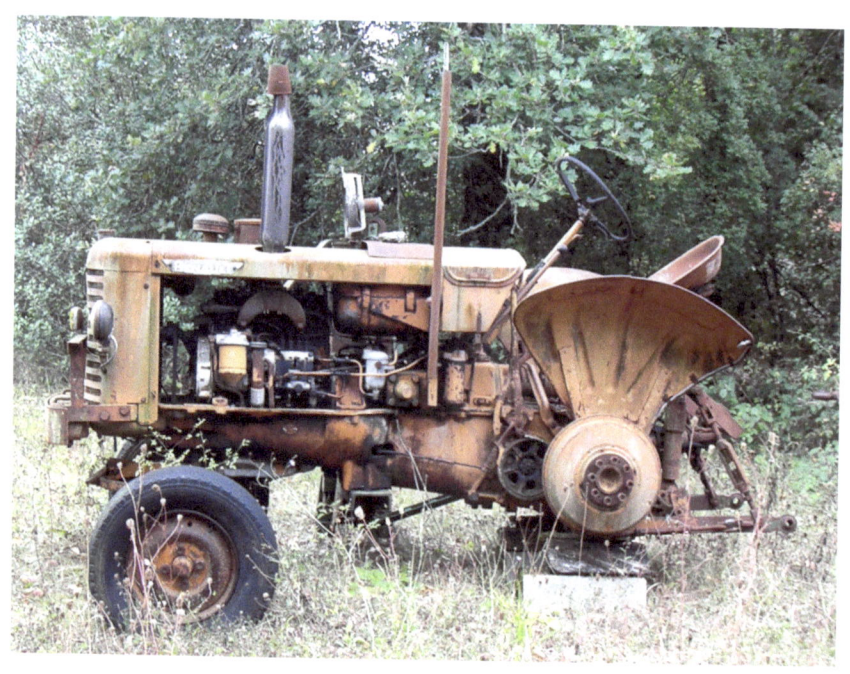

Tracteur du Quercy.

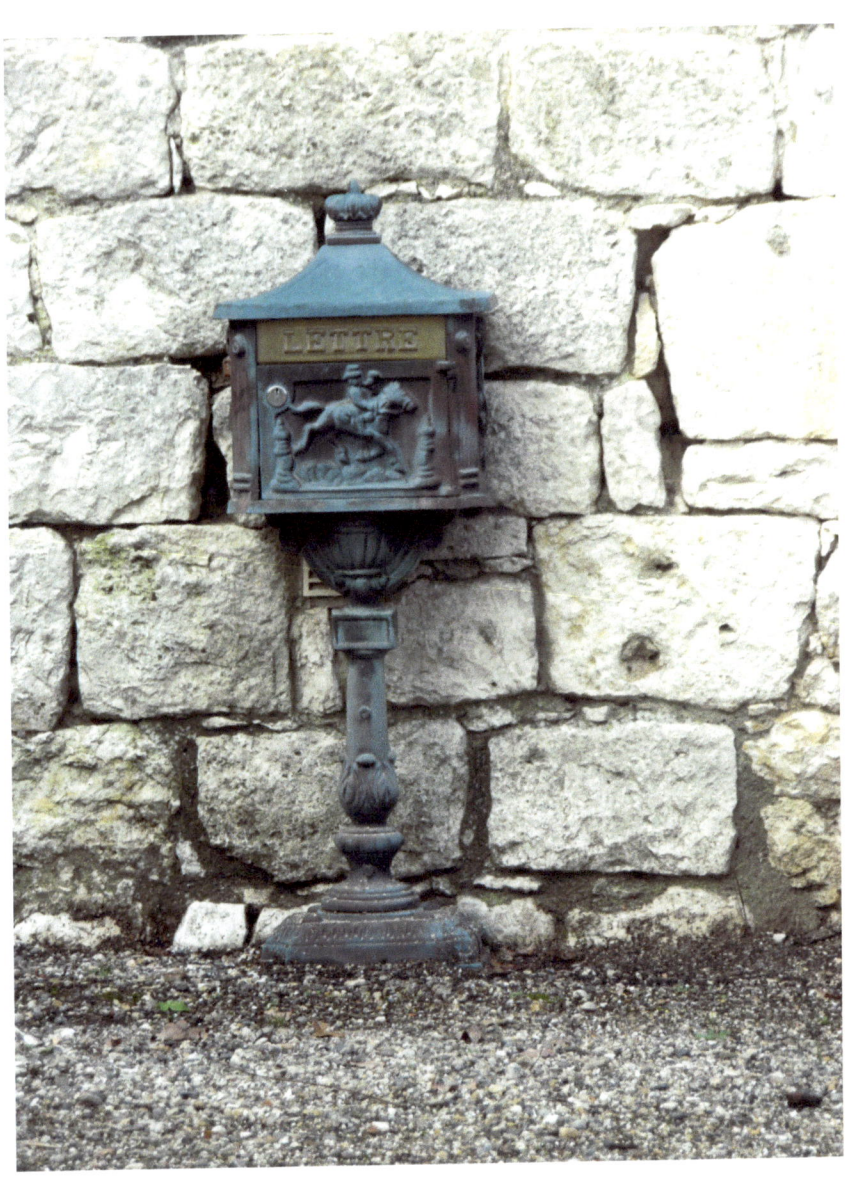

Avant le mail.

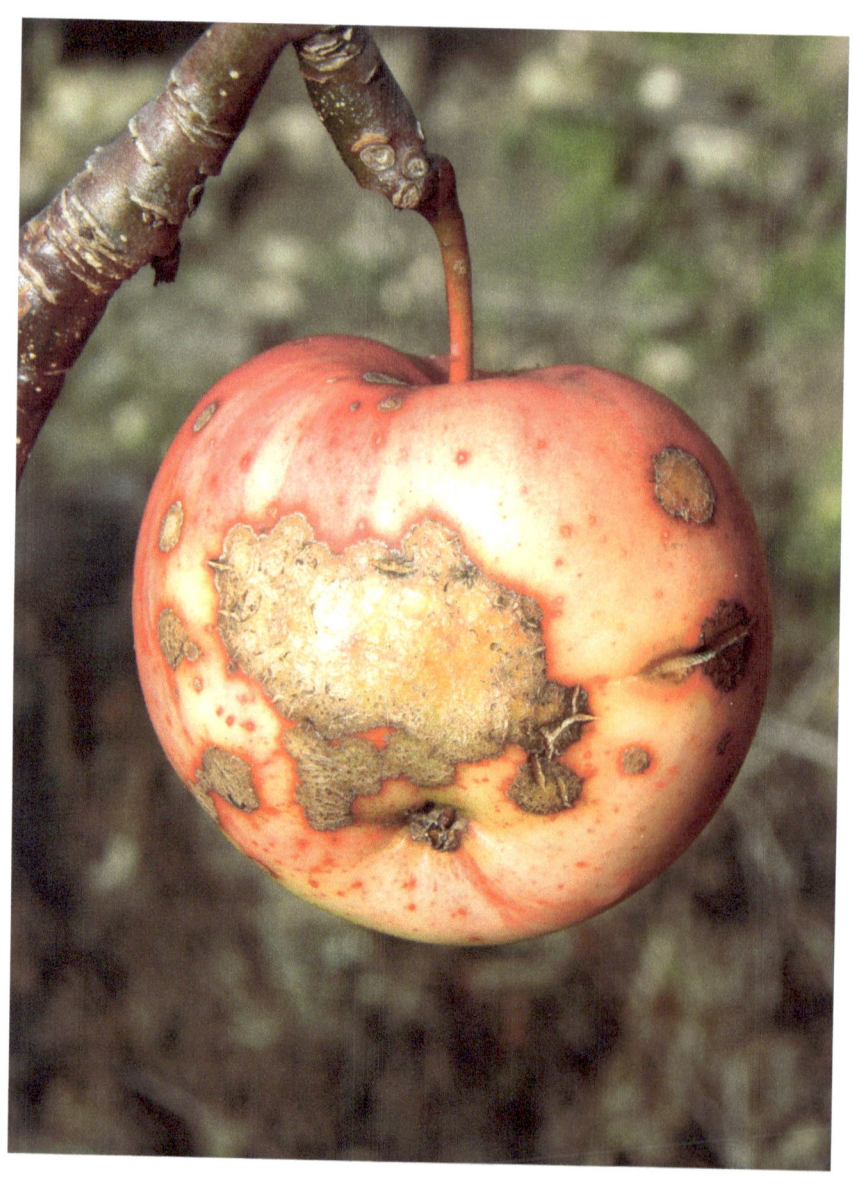

Pomme sans pesticide.

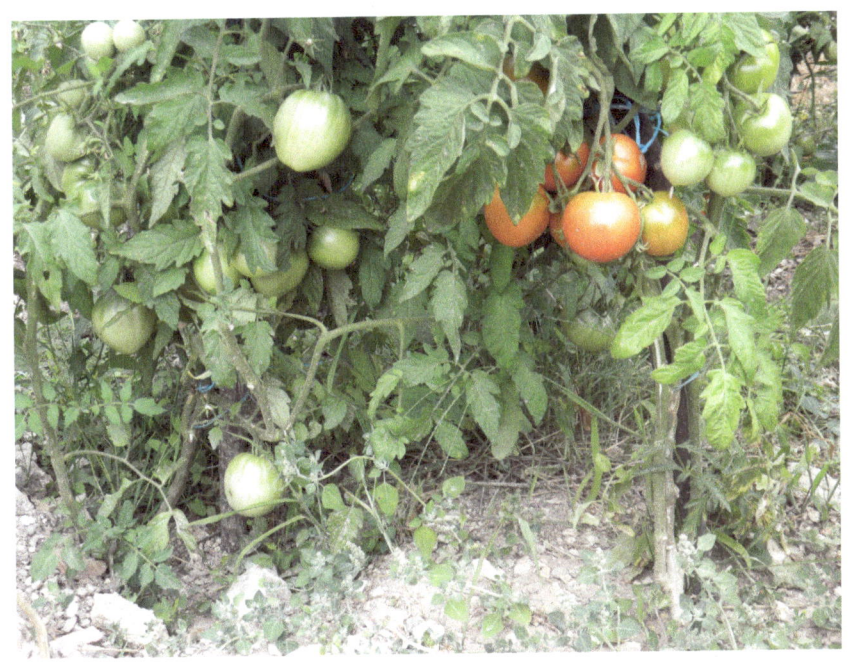

Tomates du Quercy.

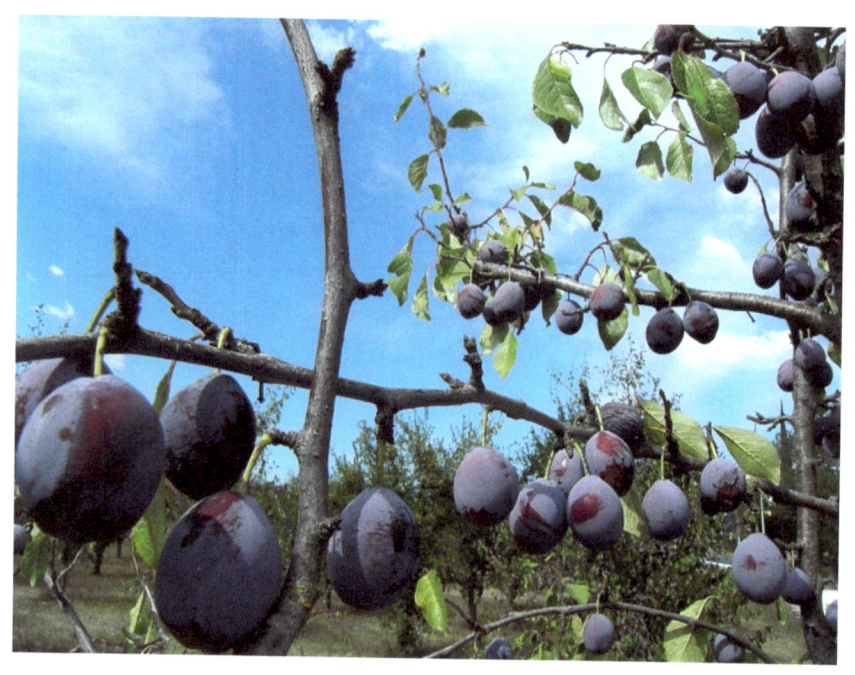

Pruneaux du Quercy.

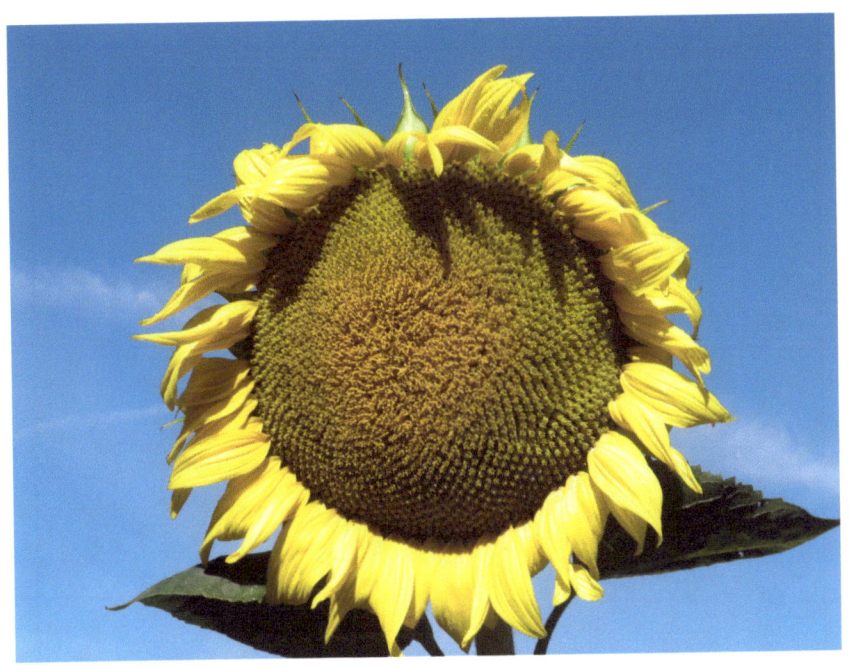

Tournesol du Quercy.

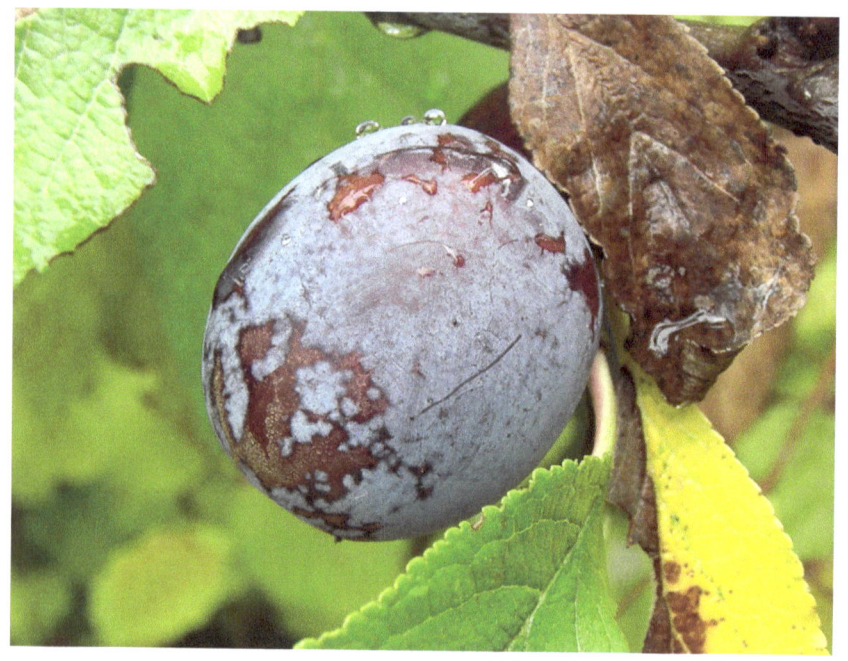

Prune du jardin.

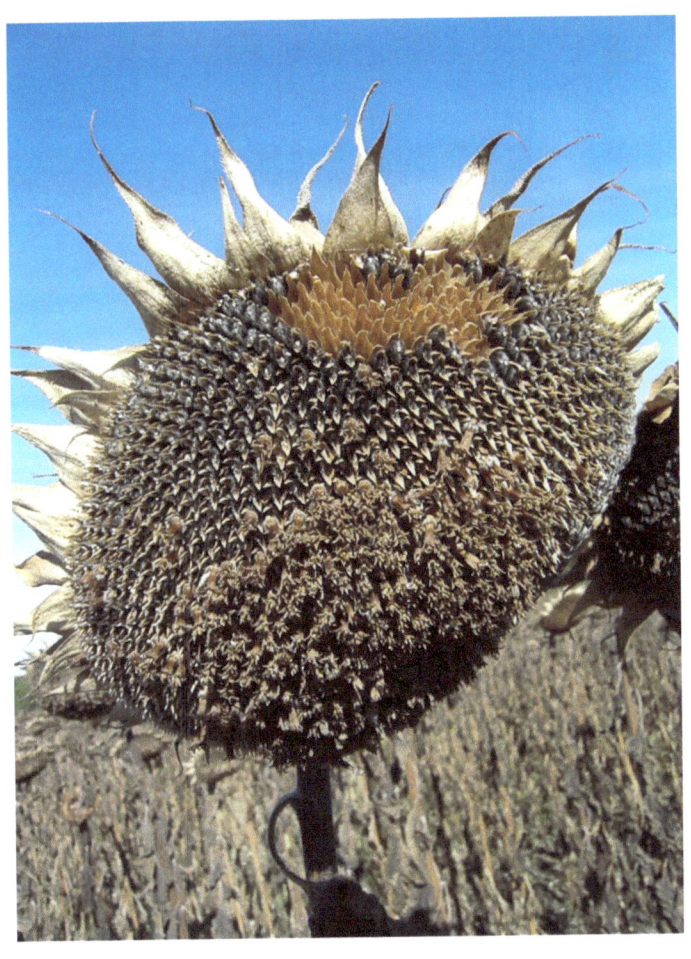

Tournesol avant récolte.

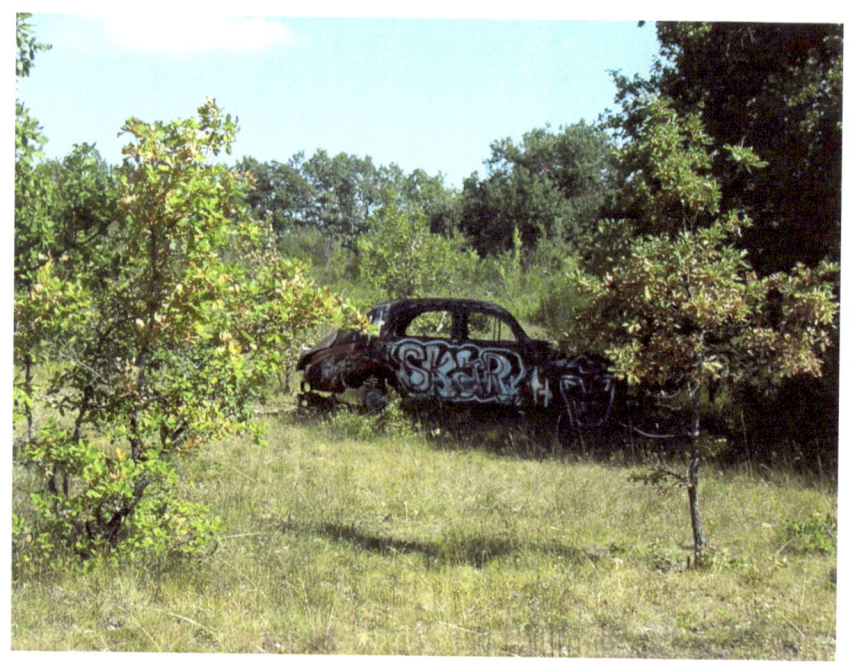

Voiture dans la forêt.

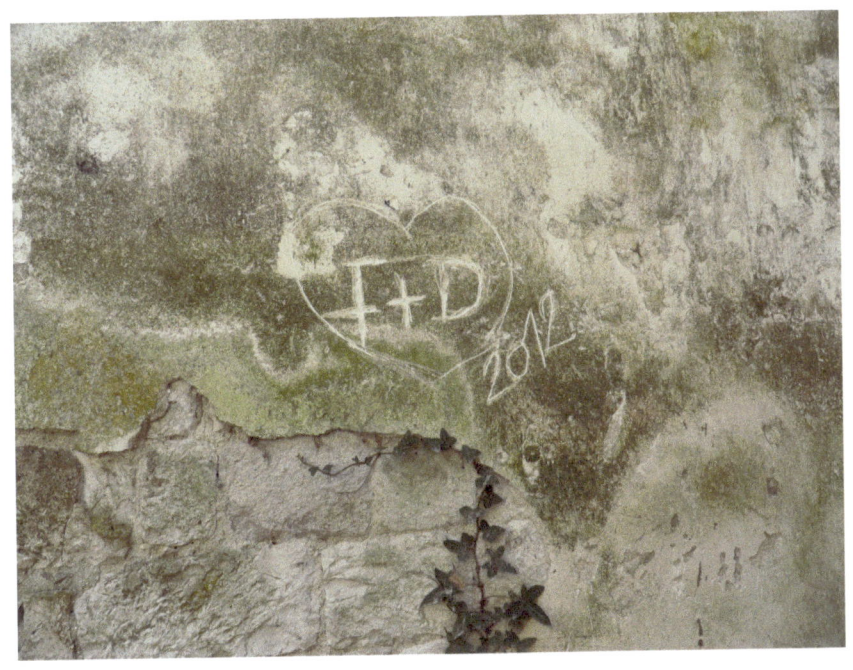

Mur de l'église St Caprais à Bouloc.

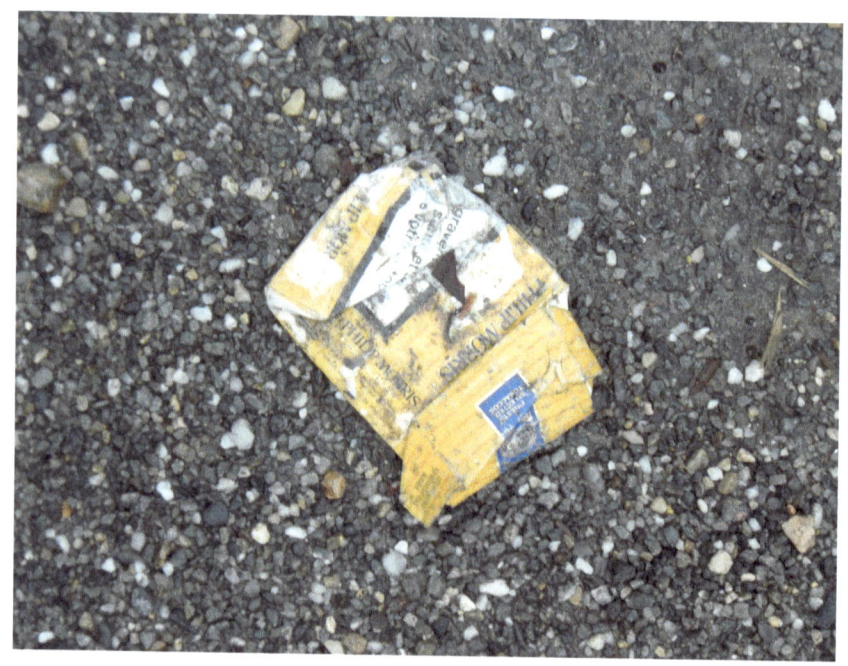

Fumer pollue.

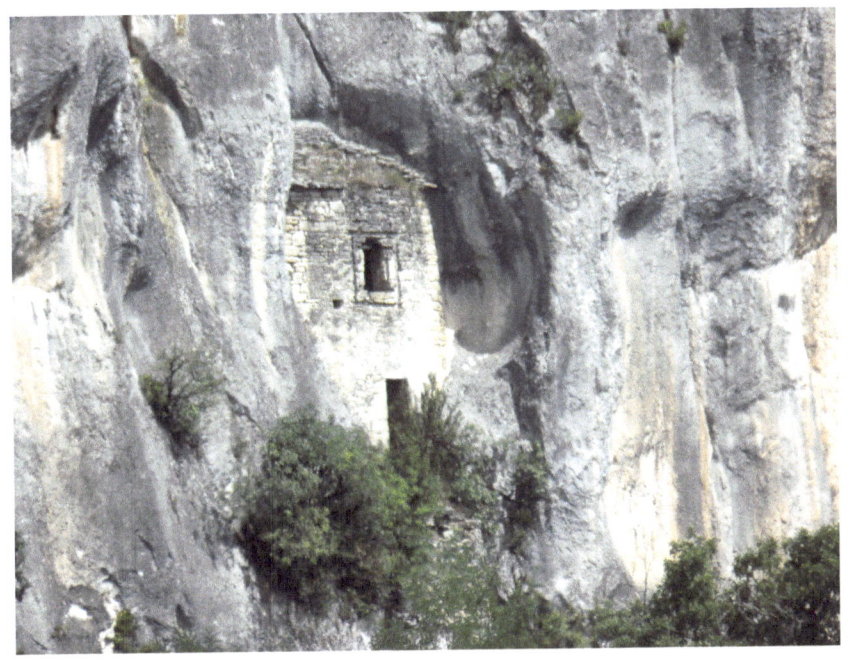

La maison des anglais à Cajarc.

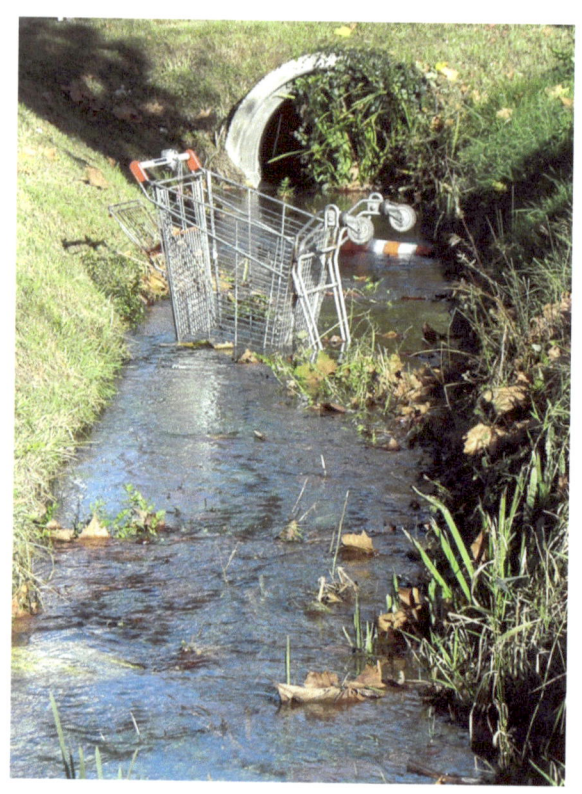

Ruisseau devant un magasin.

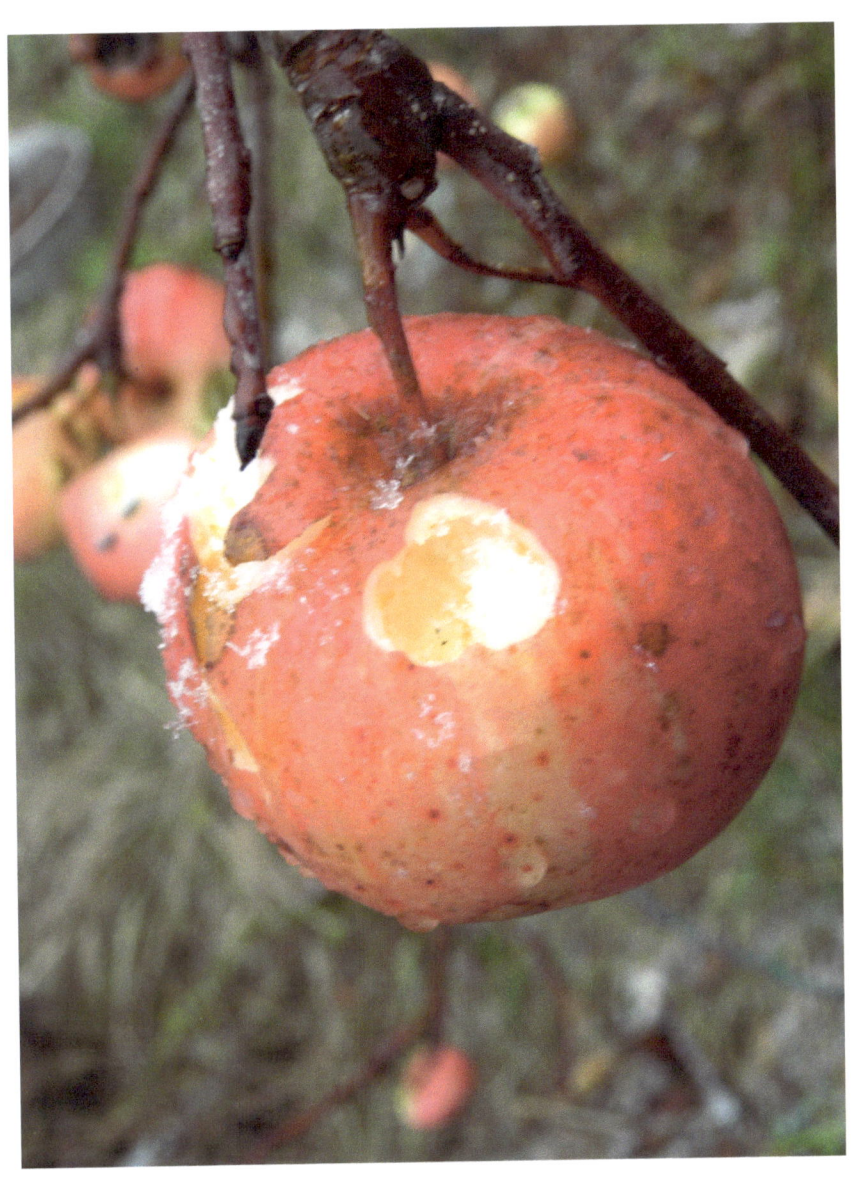

Pomme après la neige.

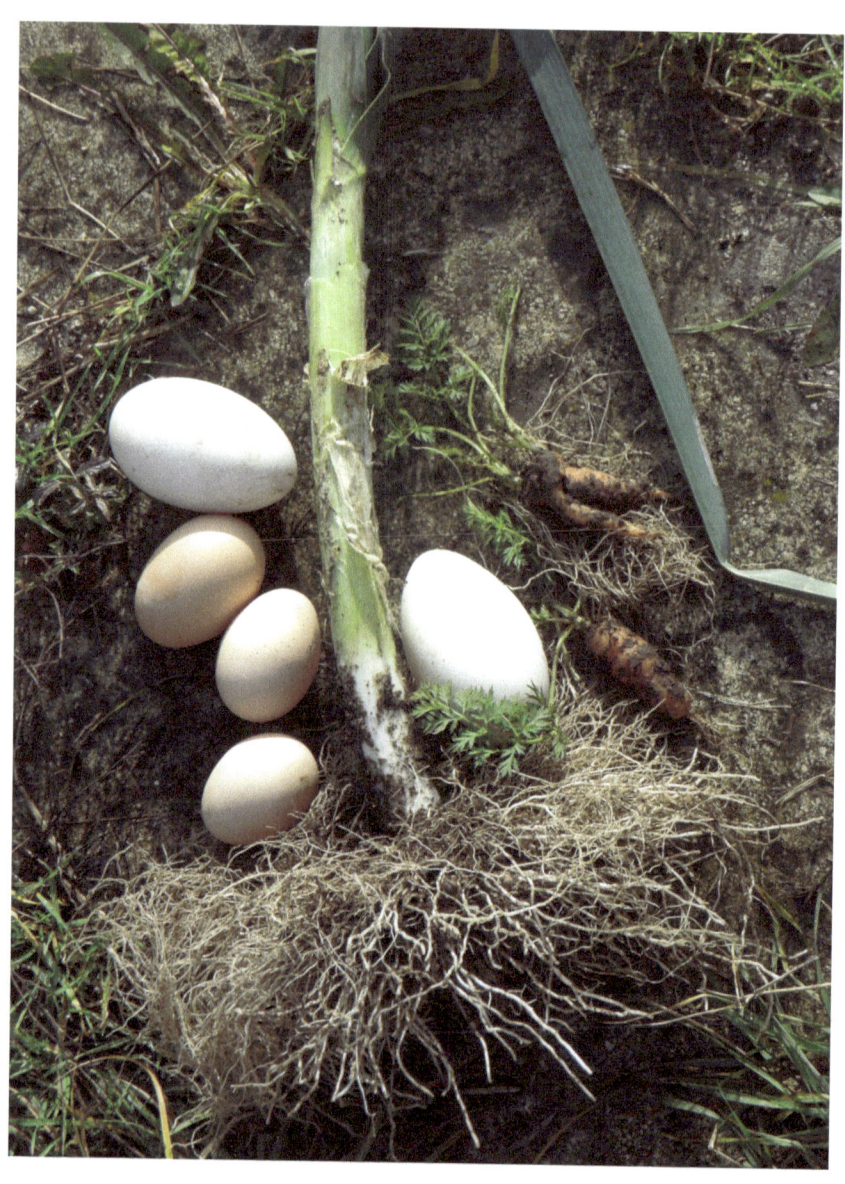

Vivre de ses produits.

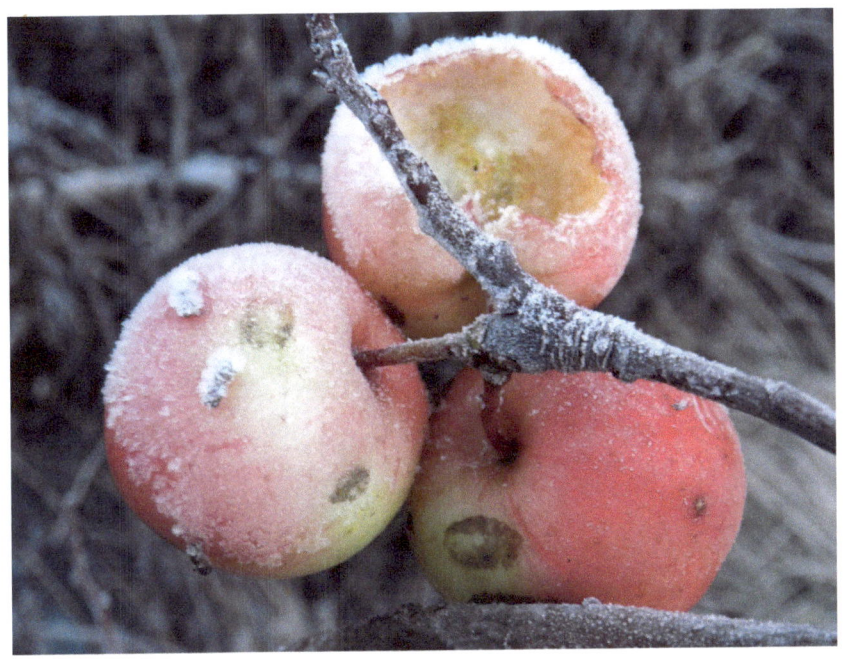

Pommes un matin de gelée.

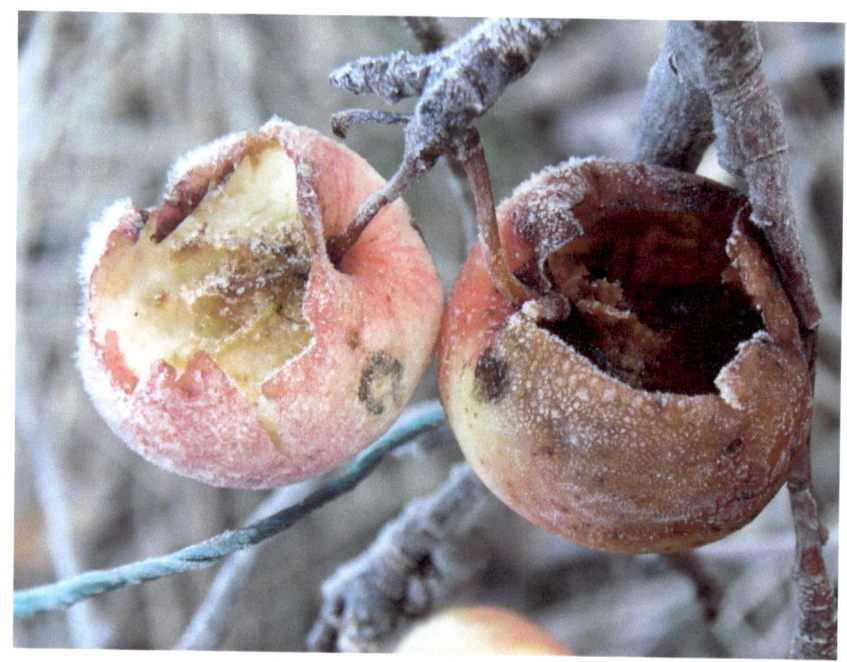

La vie des pommes.

Stéphane Ternoise

Stéphane Ternoise est né en 1968. Il publie depuis 1991. Il est depuis son premier livre éditeur indépendant.

Dès 2004, il a proposé des livres numériques, en PDF. Mais c'est en 2011 seulement que les ventes dématérialisées ont démarré. Son catalogue numérique (depuis mi 2011 distribué par Immateriel) a ainsi rapidement dépassé celui du papier, grâce à des essais, des livres de photos… tout en continuant la lente écriture dans les domaines du théâtre et du roman. Depuis octobre 2013, et son « identifiant fiscal aux États-Unis », son catalogue papier tend à rattraper celui en pixels.
http://www.livrepapier.com ou
http://www.livrepixels.com

Il convient donc de nouveau d'aborder l'auteur sous le biais de l'œuvre. Ainsi, pour vous y retrouver, http://www.ecrivain.pro essaye de fournir une vue globale. Et chaque domaine bénéficie de sites au nom approprié :
http://www.romancier.net
http://www.dramaturge.net
http://www.essayiste.net

http://www.lotois.fr

Vous pouvez légitimement vous demander pourquoi un auteur avec un tel catalogue ne bénéficie d'aucune visibilité dans les médias traditionnels. L'écriture est une chose, se faire des amis utiles une autre !

Catalogue (le plus souvent en papier et numérique, parfois uniquement les pixels, le travail de mise en page papier demandant plus de temps que d'heures disponibles)

Romans : (http://www.romancier.net)
Le Roman de la révolution numérique.
Ils ne sont pas intervenus *(le livre des conséquences) également en version numérique sous le titre Peut-être un roman autobiographique*
La Faute à Souchon ? *également sous le titre* Le roman du show-biz et de la sagesse *(Même les dolmens se brisent)*
Liberté, j'ignorais tant de Toi également sous le titre Libertés d'avant l'an 2000)
Viré, viré, viré, même viré du Rmi
Quand les familles sans toit sont entrées dans les maisons fermées

Théâtre : (http://www.theatre.wf)
Théâtre peut-être complet
La baguette magique et les philosophes
Quatre ou cinq femmes attendent la star
Avant les élections présidentielles
Les secrets de maître Pierre, notaire de campagne
Deux sœurs et un contrôle fiscal
Ça magouille aux assurances
Pourquoi est-il venu ?
Amour, sud et chansons
Blaise Pascal serait webmaster
Aventures d'écrivains régionaux
Trois femmes et un amour
La fille aux 200 doudous et autres pièces de théâtre pour enfants
« Révélations » sur « les apparitions d'Astaffort » Brel / Cabrel (les secrets de la grotte Mariette)
Théâtre pour femmes
Pièces de théâtre pour 8 femmes

Photos : (http://www.france.wf)
Montcuq, le village lotois
Cahors, des pierres et des hommes. Photos et commentaires
Limogne-en-Quercy Calvignac la route des dolmens et gariottes
Saint-Cirq-Lapopie, le plus beau village de France ?
Saillac village du Lot
Limogne-en-Quercy cinq monuments historiques cinq dolmens
Beauregard, Dolmens Gariottes Château de Marsa et autres merveilles lotoises
Villeneuve-sur-Lot, des monuments historiques, un salon du livre… -Photos, histoires et opinions
Henri Martin du musée Henri-Martin de Cahors - Avec visite de Labastide-du-Vert et Saint-Cirq-Lapopie sur les traces du peintre
L'église romane de Rouillac à Montcuq et sa voisine oubliée, à découvrir - Les fresques de Rouillac, Touffailles et Saint-Félix

Livres d'artiste (http://www.quercy.pro)
Quercy : l'harmonie du hasard - Livre d'artiste 100% numérique

Essais : (http://www.essayiste.net)
Le manifeste de l'auto-édition - Manifeste politico-littéraire pour la reconnaissance des écrivains indépendants et une saine concurrence entre les différentes formes d'édition
Écrivains, réveillez-vous ? - La loi 2012-287 du 1er mars 2012 et autres somnifères
Le livre numérique, fils de l'auto-édition
Aurélie Filippetti, Antoine Gallimard et les subventions contre l'auto-édition - Les coulisses de l'édition française révélées aux lectrices, lecteurs et jeunes écrivains
Ebook de l'Amour

Réponses à monsieur Frédéric Beigbeder au sujet du Livre Numérique (Écrivains= moutons tondus ?)
Comment devenir écrivain ? Être écrivain ? (Écrire est-ce un vrai métier ? Une vocation ? Quelle formation ?...)
Amour - état du sentiment et perspectives
Le guide de l'auto-édition numérique en France (Publier et vendre des ebooks en autopublication)
Copie privée, droit de prêt en bibliothèque : vous payez, nous ne touchons pas un centime - Quand la France organise la marginalisation des écrivains indépendants

Chansons : (http://www.parolier.info)
Chansons trop éloignées des normes industrielles
Chansons vertes et autres textes engagés
Chansons d'avant l'an 2000
Parodies de chansons - De Renaud à Cabrel En passant par Cloclo et Jacques Brel

En chti : (http://www.chti.es)
Canchons et cafougnettes (Ternoise chti)
Elle tiote aux deux chints doudous (théâtre)

Politique : (http://www.commentaire.info)
Ce François Hollande qui peut encore gagner le 6 mai 2012 ne le mérite pas (Un Parti Socialiste non réformé au pays du quinquennat déplorable de Nicolas Sarkozy)
Nicolas Sarkozy : sketchs et Parodies de chansons
Bernadette et Jacques Chirac vus du Lot - Chansons théâtre textes lotois
Affaire Ségolène Royal - Olivier Falorni Ce qu'il faut en retenir pour l'Histoire - Un écrivain engagé, un observateur indépendant
François Fillon, persuadé qu'il aurait battu François Hollande en 2012, qu'il le battra en 2017 (?)

Notre vie (http://www.morts.info)
La trahison des morts : les concessions à perpétuité discrètement récupérées - Cahors, à l'ombre des

remparts médiévaux, les vieux morts doivent laisser la place aux jeunes...
Cahors : Adèle et Marie Borie contre Jean-Marc Vayssouze-Faure - Appel à une mobilisation locale et nationale pour sauver les soeurs Borie...

Jeux de société
http://www.lejeudespistescyclables.com
La France des pistes cyclables - Fabriquer un jeu de société pour enfants de 8 à 108 ans
Le bon chemin pour Saint-Jacques-de-Compostelle

Autres :
La disparition du père Noël et autres contes
J'écris aussi des sketchs
Vive les poules municipales... et les poulets municipaux - Réduire le volume des déchets alimentaires et manger des oeufs de qualité

Œuvres traduites :

La fille aux 200 doudous :
- *The Teddy (Bear) Whisperer* (Kate-Marie Glover) - Das Mädchen mit den 200 Schmusetieren (Jeanne Meurtin)
- Le lion l'autruche et le renard :
- How the fox got his cunning (Kate-Marie Glover)

- Mertilou prépare l'été :
- The Blackbird's Secret (Kate-Marie Glover)

- *La fille aux 200 doudous et autres pièces de théâtre pour enfants (les 6 pièces)*
- La niña de los 200 peluches y otras obras de teatro para niños (María del Carmen Pulido Cortijo)

Mentions légales

Tous droits de traduction, de reproduction, d'utilisation, d'interprétation et d'adaptation réservés pour tous pays, pour toutes planètes, pour tous univers.

Site officiel : http://www.ecrivain.pro

Présentation des livres essentiels :
http://www.utopie.pro

Vous pouvez acquérir ces clichés au format originel du photographe, en droit de reproduction, exemplaires numérotés et signés, sur http://www.galerie.me

Dépôt légal à la publication au format ebook du 5 février 2013.

Imprimé par CreateSpace, An Amazon.com Company pour le compte de l'auteur-éditeur indépendant **livrepapier.com** depuis le 23 décembre 2013.

ISBN 978-2-36541-492-0
EAN 9782365414920
Cahier de photographe 2012 - Les cents photos de l'année d'un utopiste indépendant de Stéphane Ternoise
© **Jean-Luc PETIT - BP 17 - 46800 Montcuq France**
23 décembre 2013

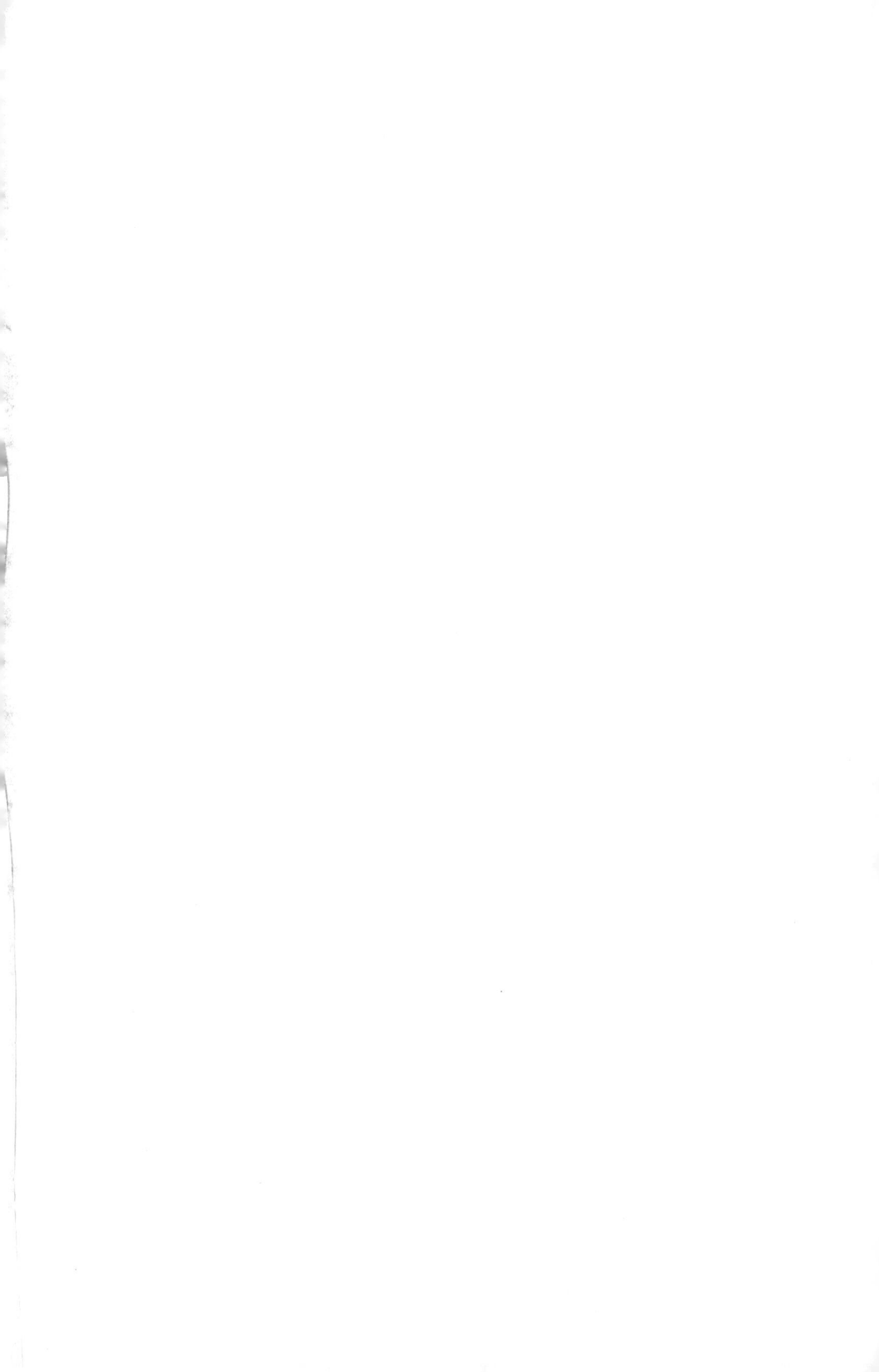

www.ingramcontent.com/pod-product-compliance
Lightning Source LLC
Chambersburg PA
CBHW041940240526
45473CB00033B/51